億万長者は税金を払わない

ホリエモンから税を取れ！

元国税調査官
大村大次郎

ビジネス社

まえがき　ホリエモンは時代の寵児ではない

ホリエモンというと、「新世代の事業家」のイメージがあります。

彼が世に出てきたとき、

「お金を稼ぐことは正義」

という割り切った考えを公言し、歯に衣着《きぬ》せぬ物言いをする彼を、時代の寵児《ちょうじ》ともてはやしたメディアも多々ありました。

現在でも、彼は「新しいタイプの事業家」としてメディアによく出ています。ネットニュースでは、まるでご意見番のように彼の発言がたびたび取り上げられます。

彼はライブドア（現在のライブドアと区分するため今後は旧ライブドアという呼び方をします）というネット企業の経営者であり、日本のキーテレビ局であるフジテレビの支配権を獲得したり、日本を代表する世界的企業ソニーを買収しようとしたこともあります。

そして旧ライブドアを時価総額日本一にすることを目指していました。

彼のやったことの表面を見れば、確かに非常にダイナミックです。日本経済を牛耳《ぎゅうじ》ってしまいそうなイメージがありました。

彼が現在もメディアで活躍できているのは、このイメージが大きく影響していると思われます。

「粉飾決算事件を起こし、服役していたものの、彼は日本経済を動かそうとしていたすごい人物なのだ」

というイメージです。

しかし彼がやってきたことを冷静に見ていけば、決して「時代の寵児」「新世代の事業家」などではないことがわかります。

まず彼が率いていた旧ライブドアという企業を冷静に見てみてください。

旧ライブドアは優秀なＩＴ企業ではありましたが、それほど斬新なビジネススキルを持っていたわけではありません。

売り物だった検索エンジンやブログも、同社が独自に発明したものではなく以前からあったものです。同社の場合は「使い勝手がいい」ということで、一部で人気を博しただけです。

これまで日本社会をけん引してきた経済人と比較すれば、その小粒さは明らかです。二股ソケットを開発した松下幸之助、画期的な自動織機を発明した豊田佐吉、ウォークマンなどを開発したソニーの井深大《いぶかまさる》などとは比べるべくもありません。

また昨今の同じIT企業と比べても、mixiやLINEなどのほうがよほど斬新なアイディアを持っており、堀江氏は見劣りします。

というより彼が旧ライブドア・グループを時価総額日本一にしようと試みていたとき、旧ライブドアのネット事業における**収益はたった3億円**しかなかったのです。本業でたった3億円しか稼げない企業が、なぜフジテレビを支配したり、ソニーを買収したり時価総額日本一などになれるのでしょうか？

もちろん、普通に考えればそんなはずはありません。

では、なぜ彼はその資金を手に入れたのでしょうか？

実は非常におぞましい、モラルに反する方法を使っていたのです。

また彼が出現してきたことには、ある重大な理由があります。

それは当時の経済政策です。

堀江氏が絶頂だった時期は、小泉純一郎内閣の時代であり、あの竹中平蔵氏が経済政策を立案していました。詳しくは本文で述べますが、竹中平蔵氏は、**日本をマネーゲーム国**

家にしようと試みていました。産業を地道に発展させるよりも、株価の値上がりで経済成長をさせようというような、**ばくち的な経済政策**を施していたのです。それにうまくはまったのが堀江氏であり、旧ライブドアだったといえるのです。

さらに竹中氏は投資家や投資グループに対して、税制上の異常な優遇を行いました。それも堀江氏やライブドアが台頭する大きな要因となったのです。

昔から、たくさん稼ぐ人はいました。

若くてして成功する人も多かったのです。それでも昔の成功者は、今のヒルズ族のようなケタ外れの富を手にすることはありませんでした。

なぜかというと、昔は金持ちからはそれなりに税金を取っていたからです。1980年代までは、高額所得者はその収入の8割が税金として取られていたのです。だから成功しても、それほど莫大なお金を残すことはできなかったのです。

しかし現在の高額所得者は、最大でも50％しか税金で取られません。

しかも富裕層にはさまざまな税金の抜け穴があり、実質の税負担はかなり低くなっています。たとえば株の売買益で得た収入は、どれほど多くても20％しか税金は課せられないのです（詳しくは後述）。

富裕層の税金は、実質的にフリーターの税負担よりも安くなっているケースもあるのです。

だから彼らは稼げば稼ぐだけ、自分の懐に入れることができるのです。

そしてその稼いだ金を投資に回せば、税金を払わずに事業を急拡大することができました。しかもホリエモンの全盛期には、株の税金が10％の時代もあったのです。

ホリエモンは、その富裕層優遇税制、投資家優遇税制の恩恵をモロに受けた世代の実業家なのです。

「かつての金持ちは収入の8割が税で取られた」

というと可哀想《かわいそう》な気がしないでもありません。でもさまざまな控除制度があるので、実際にそのような高率の税負担になっていたのは、何十億も稼いでいたごく一部の人だけです。

彼らは8割を税金にとられても、まだ何億、何十億の収入があるのです。普通の人よりも、はるかに裕福なわけです。

また金持ちがそれだけの税金を払っていた理由には、昔の金持ちは、それだけ度量が広かったともいえるのです。

そして金持ちに高額の税を課していたからこそ、かつての日本の社会はそれほどの格差がなくやっていけたのです。

日本は高度成長期からバブル時代にかけてが、富裕層の税金がもっとも高い時代だったのです。

つまり日本経済がもっともいい時代というのは、富裕層がきちんと税金を払っていた時代なのです。

繰り返しますが、ホリエモンは時代の寵児などではありません。

昔からいた、**ずる賢い金儲けをする人**に過ぎないのです。富裕層優遇税制のおかげで、今までの金持ちよりも巨額の富を蓄えることができただけなのです。

本書は『ホリエモンから税を取れ』といういささか過激なサブタイトルを冠していますが、別に堀江貴文氏が脱税をしていて、それを告発するという内容ではありません。

昨今の富裕層、投資家の象徴として堀江貴文氏を挙げさせていただき、堀江氏をはじめとした富裕層がいかに税制上優遇されているか、その優遇政策が社会をいかに不公平なものにしているかを訴えるものです。

また堀江氏本人への批判を全面的に展開するのが本書の趣旨でもありません。

ただ堀江氏の行動や発言は、決して社会をいい方向には向かわせていないとは思っています。

彼の考え方はざっくり言えば、

「金を稼いだやつが偉い」
「情報に強いやつが勝つ」

というものです。

それはある意味、人の本音を代弁しているともいえます。

が、彼の場合は、この考え方に歯止めがかからずに、明らかにモラルに反していることも平気で行ってしまうのです。それを「自分は行動力がある」などと勘違いしているのです。

「社会がどうなろうと自分が儲ければいい」

ということです。

すべての人が彼のような考えを持つようになれば、社会はだれもがだまし合う殺伐《さつばつ》としたものになってしまいます。実際に現代社会は、そういう方向に行きつつあります。

昨今では、

「今だけ、金だけ、自分だけ」

という考え方が社会全体に蔓延《まんえん》しています。

それは堀江氏のような経済人の影響が大きいと思われます。

が、そういう考え方を蔓延させたおおもとは、昨今の税金政策、経済政策にあるといえるのです。

この二十数年の日本では、消費税増税や社会保険料の値上げで庶民の税負担を大きく増やす一方で、富裕層、投資家、大企業の税金は大幅に下げられてきました。

そういう政策が「金を稼いだものが偉い」という考え方を世間に蔓延させた元凶だと筆者は考えます。

そして、この富裕層優遇税制、投資家優遇税制は日本の社会に大きなひずみをもたらしました。

現在の日本は格差社会であり、子どもの貧困率はOECDの中でも最悪レベルとなっています。少子化で子どもが減っているのに子どもの貧困率が高いのは、**国家の存亡にかかわる事態**だといえます。それも富裕層優遇税制が敷かれるようになってからのことなのです。以前は、日本は「一億総中流」とも言われ、みなが豊かで格差の少ない社会だったのです。

この格差社会は日本の少子高齢化を加速させ、国際競争力を低下させた大きな要因でもあります。

富裕層優遇税制は決して日本の社会を豊かにするものではなく、日本の衰退を招くものだったのです。

本書では堀江貴文氏を軸として、この二十数年の日本の税制がいかに金持ち優遇になってきたか、それがいかに日本社会をゆがめてきたのかを解き明かしていきたいと思っています。

第1章　ホリエモンの大罪

第2章 黒幕はやはり竹中平蔵氏

第3章

富裕層の税負担はフリーターよりも軽い

第4章 なぜ金持ちは消費税を推奨するのか？

第5章 ホリエモン税を創設せよ！

第1章

ホリエモンの大罪

ホリエモンの「犯罪」

ところでホリエモンは、実刑をくらい服役までしていた元犯罪者です。

しかも彼の「犯罪」は日本社会を揺るがし、自殺者を出すなどけっこうエグイものでした。自殺された方は、間違いなくライブドアと堀江氏の犯罪のために自殺したのであり、同氏には大きな道義上の責任はあるはずです。

筆者は、そういう堀江貴文氏がテレビなどに出まくっていることに非常に違和感を持っています。アンジャッシュの渡部建氏などは犯罪をおかしたわけでもないのに、テレビに1年以上出られていません。

いや、元犯罪者であっても真摯《しんし》に罪を反省し、これから更生しようという人がテレビに出ているのであれば、筆者としては何の文句もありません。むしろ社会復帰を応援したいくらいです。

しかし彼の場合は、真摯に罪を反省した形跡がまったくありません。罪を犯したときと何ら変わらない考え方を持っているのです。彼が罪を悔いて謝罪した場面を見たことは一度もありません。むしろ「俺は何の罪もない」「俺は正しい」という姿勢をとり続けています。

しかも自分の考え方をいまだに正しいこととしてテレビで吹聴しているのです。

たとえば2020年の10月にGoToトラベルが東京も対象になったとき、堀江氏は得意気にTBSの番組「サンデージャポン」で述べました。

「GoToトラベルを使って東京のホテルに毎日宿泊する」

「家賃よりも安くなる」

堀江氏は北海道在住となっており、東京に滞在するときはホテル暮らしを常としていたのです。そのホテル代を、**GoToトラベルで賄おう**ということだったのです。

これに対し出演者の杉村太蔵氏が、

「GoToトラベルを居住目的のために使うことは可能なのか?」

「金持ちがそういう制度を使うのはいかがなものか」

という疑問を呈しました。

そこで2人はひとしきり議論をするわけですが、両者がかみ合うことはありませんでした。

このエピソードは、堀江氏の生き方や考え方を如実に表すものだといえます。

ＧｏＴｏトラベルというのは、

「観光業界を救うため、国が補助することによって観光をしてもらおう」

という趣旨を持っています。

だから堀江氏が「居住するホテル代」は、ＧｏＴｏトラベルの趣旨とは反しています。

またのちにルールとして「観光以外の利用は不可」と明記されました。

だから堀江氏の考え方は、明確に社会の常識に反していたのです。

しかし堀江氏の常識からみれば、

「趣旨に反するかもしれないけど、いけるんじゃない？」

「こんな得をする話になぜ飛びつかないの？」

ということでしょう。

この「堀江氏の考え方」は**社会の常識に逆行する**ものなのです。

そして、この「堀江氏の考え方」の延長線上にライブドアの犯罪があったわけです。

それにしても毎年、何億円も稼いでいる人間が公的資金で居住代を出させるって、あまりにせこくないですか？

そもそもライブドアとは？

世間を騒がせた旧ライブドアとは、どのような企業だったのでしょうか？

そもそも旧ライブドアというのは、堀江貴文氏が創業した会社ではありません。堀江氏は、もともとホームページ作成などを行っていたオン・ザ・エッヂ社の創業者です。このオン・ザ・エッヂ社は、１９９６年に堀江氏とその友人ら4名によって設立されました。当初は高い技術力を持った優良ＩＴ企業として急成長し、やがてさまざまなインターネット関連の事業を行うようになりました。

そして２００２年に経営破綻したプロバイダーの旧ライブドアを買収したのです。

この会社はインターネットの無料接続という新しいビジネスをいち早く行い、すぐに会員が１００万人以上になり、プロバイダーの「大手」として数えられるほどになりました。ただし当時としてはまだインターネットの広告収入は大きなものではなかったので、営業的には成功しなかったのです。しかしプロバイダーや検索サイトとしてのブランドは確立していました。

その旧ライブドアを、堀江氏のオン・ザ・エッヂ社が買収したのです。旧ライブドアの知名度とオン・ザ・エッヂ社の技術力はうまく融合し、この買収は大成功を収めました。同社はインターネット業界の雄と目されるようになったのです。が、この買収に成功したころから、堀江氏はマネーゲームの方向に急速に傾いていきます。技術をコツコツ積み上げるより、企業買収などのマネーゲームのほうが一気に稼げるということだったのでしょう。

2004年にプロ野球球団大阪近鉄バファローズを買収しようと画策し、旧ライブドアと堀江貴文氏は全国に知られるようになりました。

また2005年にフジテレビの親会社であるニッポン放送の筆頭株主になり、あわやフジテレビを買収するという騒動も起こしました（詳細は後述）。

このころから堀江貴文氏は同社のグループを**「時価総額日本一」**にすることを目指すようになりました。その方法は地道な経営努力や技術力によるものではなく、企業買収を成功させることで企業の相場価値を高く見せて、一気に株価をあげる手法でした。

そのためには企業業績をよく見せなくてはなりません。そして企業業績をよく見せるために**「粉飾決算」**という犯罪に手を染めてしまったのです。

フジテレビ買収事件とは？

堀江氏や旧ライブドアの存在を一気に全国区にした出来事として「フジテレビ買収事件」があります。30代以上の人は、覚えている人も多いはずです。

2005年2月、旧ライブドアはラジオ局の「ニッポン放送」の発行済み株式の35％をグループで取得しました。

ニッポン放送はフジテレビの親会社であり、つまり旧ライブドアはフジテレビの親会社の筆頭株主になったということです。

そのころフジテレビの株の所有関係は、ちょっとおかしなことになっていました。

フジテレビよりもはるかに小さい会社だったラジオのニッポン放送が、フジテレビの発行済み株式の22・51％を持つ筆頭株主だったのです。ニッポン放送の事業の売上規模はフジテレビの10分の1以下で、株価も3分の1しかありません。

なぜこういうことになっているのかざっくりいえば、次のようなことです。

ラジオ局はテレビが世の中に出てくる前はメディアの花形産業でした。ニッポン放送も開設された当初はメディアの花形でした。ニッポン放送はテレビ局のフジテレビを開設するなど、フジサンケイグループの中心企業でした。

が、その後、急速にテレビがメディアの花形になり、ラジオは衰退します。その結果、テレビ局のほうがはるかに事業規模が大きくなり、株価も上がりました。それでも、その親会社はラジオ局ということになってしまったのです。

親会社のニッポン放送は株価もそう高くないため、だれかに乗っ取られてしまえば、フジテレビも支配されてしまいます。フジテレビとしても、それを危惧し、ニッポン放送株の公開買付け（TOB）を05年1月に開始していたのです。

その直後に、旧ライブドアがニッポン放送の株を35％も買ってしまったのです。

なぜこのような不意打ちができたかというと、株式取引に「時間外取引」を使ったのです。時間外取引というのは、株式市場が開いている時間以外の時間の取引です。これには株式市場を通さずに、時間外で株の取り引きができる仕組みがあるのです。ネットオークションのように株を売りたい人と買いたい人が私的に取引できるのです。

この時間外取引は、普通は小口の取引に使われるものです。企業買収にかかわるような大口の取引には使わないという暗黙の了解というか、紳士協定のようなものがありました。しかし旧ライブドアは、それを破ってあえて時間外取引で大量の株を取得したのです。法律違反ではありませんが、**道義上の問題はあった**のです。

こういう考え方が、同社や堀江氏の大きな特徴でした。

「儲けるためならなんでもやる」

「社会的責任、道義的責任なんて関係ない」

ということです。

それは現在の堀江氏にも言えることです。

しかも同社が行っていた道義違反は、これにとどまりません。もっととんでもないこと、国家を危険に陥れるようなことを平気で行っていたのです。

ライブドアに資金提供したアメリカの投資銀行

それにしても旧ライブドアのニッポン放送株取得とフジテレビ買収劇には、度肝を抜かれた人も多いでしょう。

テレビ局というのは、日本のマスコミを代表する企業です。

世間にも大きな影響を持つテレビ局「フジテレビ」が新興のＩＴ企業に買収されようとしたのです。

一般の人にとって、まるで狐につままれたような話だったはずです。

この一連の出来事を見て、マスコミや有識者はこぞって「時代は変わった」という見解を表し、堀江氏を時代の寵児のごとく賞賛するメディアもありました。

しかしこの事件を少し深掘りすれば、堀江氏やライブドアに優れた面などまったくないことがわかります。

というのも、この買収事件は、**外資系投資機関の資金的なバックアップ**があって初めて成り立ったものだからです。

しかもこの手法は、新しいものでもなんでもありません。

実はアメリカの投資銀行によって何十年も前に開発されたものなのです。

そもそも旧ライブドアが台頭してきたのは、金融業界の規制を大幅に緩和した金融ビッグバンの影響でもあり、この金融ビッグバンを主唱したのはアメリカなのです。

そしてアメリカの金融機関と直接の関係もあるのです。

旧ライブドアは、アメリカの投資会社「リーマン・ブラザーズ」と深いつながりがありました。リーマンショックを引き起こした、あの会社です。

リーマン・ブラザーズは、フジテレビ買収騒動のときに資金を融資しています。同社はこの騒動の陰の仕掛け人ともいえるのです。

この騒動のとき、旧ライブドアはリーマン・ブラザーズ社に800億円もの大量の社債を引き受けてもらっています。社債というのは、簡単にいえば会社の借金です。

つまり旧ライブドアは、リーマン・ブラザーズから800億円借りたことになります。

そして、この社債は希望すれば株式に転換できる**「転換社債」**です。

転換社債というのは、社債を償還する代わりに、株式に転換するというものです。ようするにリーマン・ブラザーズは、貸した金を現金で返してもらうこともできるし、株で返してもらうこともできるのです。

旧ライブドアがリーマン・ブラザーズに引き受けてもらった転換社債は、株が上がっても下がってもリーマン・ブラザーズ社が一定の利益を得られるような条件になっていました。

具体的にいえば、「社債を株式に転換するときは、市場株価の9割でいい」ということになっていたのです。

　つまりリーマン・ブラザーズは株を1割引きで取得できることになっているため、株に転換してすぐに売却すれば、それだけで10％の儲けは出ることになります。リーマン・ブラザーズは旧ライブドアがつぶれない限り、**絶対に儲かる仕組み**になっていたのです。

　金融取引において、こんな虫のいい条件はありません。

　通常、投資というのは状況によって損得が生まれるものであり、リスクを冒すからこそリターンがあるものです。

　しかしリーマン・ブラザーズ社はこの件に関して、どう転んでも自分たちが儲かる条件を飲ませていたのです。

　旧ライブドアというと、法律ぎりぎりの行為（もしくは法逸脱行為）で金儲けをするズル賢い集団のような印象がありましたが、リーマン・ブラザーズ社と比べれば、**大人と子供以上の差**があったのです。

　というより旧ライブドアのような新興ＩＴ企業が、フジテレビを買収できる巨額な資金を持てたのは、リーマン・ブラザーズなどのアメリカ系金融機関があってこそのことなのです。

逆にいえばアメリカ系金融機関の手助けがなければ、あんな大がかりな買収劇などできなかったのです。

旧ライブドアの経営者の体質として「金儲け第一主義」があったようですが、経営者に入れ知恵し強力にバックアップしたのは、リーマン・ブラザーズなどのアメリカ系投資会社だったのです。

ちなみに村上ファンドの村上世彰《よしあき》氏は、アメリカのゴールドマン・サックスから資金を借りていました。

そもそもフジテレビ買収事件のようなことは、日本では非常に珍しいものでしたが、アメリカでは日常茶飯事に行われていました。なんのことはない、旧ライブドアにしろ、村上ファンドにしろ、**外資系の悪知恵を借りていたにすぎない**のです。

外資の力を借りてテレビ局を買収するのは国を売る行為

旧ライブドアがリーマン・ブラザーズから金を借りて、放送局を買収しようとしたことは、実は国家の安全を脅かす**とんでもない行為**でした。

放送局は、世間に大きな影響を与えるものです。世論を動かすことさえできます。その放送局が他国の資本に握られることは、国家にとって安全上の危機になりかねません。他国の企業が日本のテレビ放送を使って、都合のいい情報ばかりを垂れ流すようになれば、とんでもないことになってしまいます。

そのため日本の法律では放送局などに対して「株の20％以上を外国の投資家が占めてはならない」となっています。

ただし旧ライブドアのフジテレビ買収においては、この法律に触れていません。リーマン・ブラザーズがフジテレビの株を直接買ったわけではないからです。

しかしフジテレビの支配権を間接的に持つ旧ライブドアに対して、多額の買収資金を貸し付けているのです。しかも、その貸付金はライブドアの株に転換することもできるのです。

実質的にはリーマン・ブラザーズがフジテレビの大株主になったも同然なのです。

ただしリーマン・ブラザーズは、日本の放送局を支配する野心はなく、ただの金儲けの手段として旧ライブドアに融資をしたようです。が、場合によっては、日本の放送局が外国企業に乗っ取られる危険はあったわけです。

普通の日本人であれば、どんなに金に汚い人でも、そこまではなかなかしないものです。

旧ライブドアはまさに、

「金儲けのためならなんでもあり」

「国の安全や未来のことなど関係ない」

ということだったのです。

こういう堀江氏の**「金のためには何でもする」**という考え方は、現在でも続いているのです。堀江氏は刑務所で改心したわけでは決してありません。

この章の冒頭で紹介したとおり、堀江氏はGoToトラベルを使って自分の東京での滞在費を賄おうとし、それを自慢げに吹聴していました。その考え方が「他国の資本を使って放送局を買いとろう」という普通の日本人では到底行きつけないところに行ってしまったのです。

旧ライブドアは結局、フジテレビを買収することはできませんでした。フジテレビ側がグループ、社員を挙げての必至の抵抗をし、出演タレントなどもこぞって批判したために、さすがに撤退せざるをえなくなったのです。

しかし旧ライブドアはフジテレビの株の買い戻しにより、1400億円もの莫大な利益を上げました。堀江氏個人もこの一連の出来事後の所有株売却により１４０億円もの収益を得ています。

旧ライブドアは**さらに危ないマネーゲームに走る**ことになります。

ライブドアの粉飾の手口

フジテレビ買収事件の翌年、旧ライブドアと堀江氏は、さらに日本中を騒がせることになります。

粉飾事件で摘発されたのです。

いわゆるライブドア事件です。

世間をあれだけ騒がせた粉飾決算事件ですが、騒ぎの大きさの割には、実情はあまり知られていません。

この粉飾決算は、簡単にいえば次のようなものです。

まず旧ライブドアがバリュークリック社というインターネット広告会社を37億円で購入します。このバリュークリック社は赤字が続いているあまり価値のない会社だったのですが、同社がさまざまな方策を用いてバリュークリック社が価値のある会社のように偽装したのです。そのためバリュークリック社の株が高騰し、親会社である旧ライブドアは差し引き17億円の利益を得たのです。

また同社は、株取引などで得た収益を**「営業で得た収益」**であるかのように偽装していました。

これは次のようなことです。

たとえばラーメン店を営んでいる人がいたとします。

この人は同時に株取引もやっていました。ラーメン店は営業赤字が続いていたので、店を拡張すればうまくいくのではないかと考え、銀行からお金を借りようと思いました。でもラーメン店の営業内容を正直に見せても、銀行はお金を貸してくれません。そこで株取引で得たお金をラーメン店で儲かったお金のように見せかけた決算書をつくり、銀行からお金を借りました。

もちろんこれは商法違反であり、場合によっては詐欺に問われるでしょう。

旧ライブドアが行った犯罪というのは、ざっくり言えばそういうことです。

通常、刑事事件にまでなる粉飾決算というのは、倒産しかけの企業が莫大な架空の売上を計上するものがほとんどです。そして金も持っていないのに、持っているように粉飾するのです。そういう粉飾の場合、取引先や投資家のダメージは大きいものです。

しかしライブドアの場合は、持っていないお金を持っているように見せかけたのではなく、資本取引で儲けたお金を営業で儲けたように見せかけたものです。

旧ライブドアという企業グループ自体は、実際にそれだけのお金を持っていたわけであり、資産がまったくないのに、あるように見せかけたというわけではないのです。だからこの事件は、数ある粉飾決算事件の中でそう重いほうではないという見方もできます。

しかし数ある粉飾事件のほとんどが、「会社を存続させるために仕方なく行ったもの」であるのに対し、この場合は、**「金儲けをするために行ったもの」**です。金に対する汚さは、旧ライブドアのほうがはるかに上だといえます。

自殺者も出たライブドア事件

そして忘れてはならないのが、この粉飾事件では死人も出ているということです。

旧ライブドアに強制捜査が入った3日後、堀江氏の元側近だった野口英昭氏が沖縄で自殺をしました。

野口氏は国際証券という準大手の証券会社の社員だったときに、上場前のオン・ザ・エッヂ時代の堀江氏と知り合い、そのまま幹部社員になります。そしてオン・ザ・エッヂの上場を担うのです。旧ライブドアの子会社の社長を務めたのち、旅行会社エイチ・アイ・エスがつくった証券会社、エイチ・エス証券にヘッドハンティングされます。

野口氏は同証券会社に移ってからも堀江氏の側近であることに変わりなく、旧ライブドアの複雑な投資関係などの業務を担っていました。ライブドアは投資、買収などを行う際には、「投資組合」という怪しい仕組みを使っていました。この投資組合を全面的に取り仕切っていたのが、野口氏だと見られています。

野口氏の自殺について当初は他殺説もありましたが、状況などから警察は自殺と断定しています。

野口氏が自殺した沖縄では、薬局で睡眠導入剤を購入したことがわかっています。また彼を乗せたタクシーの運転手は、降りる際に「ありがとう」ととても優しく言葉をかけてくれたのを覚えているそうです。

自殺した日は、特捜部が野口氏に対して任意で事情聴取を行う予定でした。沖縄のカプセルホテルで自殺しましたが、カプセルホテルの従業員の話にも同氏の部屋に第三者が訪れた形跡はないし、争ったような物音もなかったそうです。そしてホテルの構造上、第三者が勝手に入って来られるようなものではありませんでした。野口氏の部屋には、睡眠導入剤の空き箱が残されていたそうです。

自殺でほぼ間違いないでしょう。

結果的に彼の死は、ライブドア事件の全貌《ぜんぼう》解明の大きな障害となりました。

今ではすっかりなかったことになっていますが、このように堀江氏は自殺者まで出る経済犯罪を起こしていたのです。とても笑えるものではありません。

そして何度も言いますが堀江氏は、今もライブドアの経営者だった当時とほとんど変わらない考え方を持っています。なんら反省していないのです。そういう人物が、なぜ普通にテレビに出られるのか、筆者は不思議でなりません。

ソニーの買収計画もあった！

フジテレビの買収などで、世間の度肝を抜いたライブドアは、実はあのソニーの買収計画さえ立てていました。

堀江氏はのちのインタビューでソニーを買収する計画があったことを述べていますし、粉飾事件でライブドアに家宅捜索が入る翌日には、リーマン・ブラザーズとソニーの買収計画について話し合う予定が組まれていたそうです。

堀江氏は「友好的なTOBを計画していた」などと言っていますが、ライブドアや堀江氏から買収をかけられて、ソニーが喜ぶはずはないのです。というより、もしそんなことが成功すれば、日本経済にとっても大打撃であり巨大な汚点になっていたはずです。

それにしてもライブドアは急拡大していたとはいえ、時価総額が一番大きいときでも8000億円でした。しかも本業のインターネット事業での営業利益はたった3億円しかないのです。

一方、ソニーの当時の時価総額は4兆円程度であり、毎年数千億円の営業利益を出していたのです。

会社の規模としては、大人と子供以上の差がありました。

なぜライブドアは、そのようなカエルが蛇を食うような、買収計画を立てることができたのでしょうか？

フジテレビの買収のときと同様に**「外資系金融機関の力を借りる」**方法をとったのです。

これはLBOと言われ、アメリカの投資会社がM&A（企業買収）のときによく使っていた手法です。LBOとはレバレッジド・バイ・アウトのことで、これを使えば自分の資金力を何倍にもすることができるのです。

LBOの仕組みは簡単に言うと、次のとおりです。

「ある会社を買収する」という目的で、銀行に融資を頼みます。銀行は借り入れる人ではなく、買収先の会社の価値を見て融資するかどうかを決めるのです。

だから極端な話、借りる人が無一文であっても、買収先の会社が大きければ、それだけの融資をしてもらえるのです。銀行がチェックするのは、買収先の会社の担保価値と、買収が成功するかどうかだけです。

このLBOは1960年代のアメリカで編み出されたと言われています。

これによりアメリカの企業買収は加速度的に増加しました。理論的には資金がまったくなくても企業買収ができるのだから、口八丁手八丁の者がこぞってこれをやりはじめたのです。

リーマン・ブラザーズとは何だったのか？

それにしてもライブドアに巨額の融資を行い、数々の企業買収を手助けしたリーマン・ブラザーズとは、いったいどういう銀行だったのでしょうか？

リーマン・ブラザーズ社は1850年ユダヤ系ドイツ移民、リーマン3兄弟が開いた雑貨店が起源となっています。

その雑貨店は綿花取引もするようになり、これが大成功。やがて鉄道債などを扱うようになり、次第に投資銀行となっていきます。

同社は他の投資銀行が手を出さなかった新興中小企業の株式を扱うことで業績を伸ばしたのです。大胆な企業合併を繰り返すうちに、大手投資銀行に成長しました。

リーマン・ブラザーズというのは、**「投資銀行」**です。

日本には投資銀行という分野はないので、投資銀行という言葉は日本ではあまりなじみがありません。投資銀行というのはアメリカを中心に発展した銀行で、証券会社の仕事をもう少しダイナミックにした業務を行うものです。

国家や企業の資金調達の相談を受け、国債、社債、株式を引き受けて販売したり、企業合併を進めたりするのです。

普通の銀行と投資銀行のもっとも大きな違いは、普通の銀行が一般の人から預金を集めて資金を調達しているのに対し、投資銀行は機関投資家や金融機関から資金を調達することです。

預金はそうそう引き出されるものではないので、商業銀行は安定した資金を得ることができます。

しかし投資銀行は機関投資家や金融機関同士のちょっとしたトラブルで、すぐに資金は引き上げられてしまいます。だから投資銀行は、商業銀行よりも手っ取り早く稼がなくてはならないし、常に高収益を上げていなければなりません。

この**投資銀行から派生したものがファンド**なのです。

リーマン・ブラザーズは生き馬の目を抜くウォール街を勝ち抜いてきた銀行であり、きれいごとばかりでやってきたわけではありません。というより法のギリギリ、モラルにもとるような投資方法を幾多も開発し、世界のマネーゲームをリードしてきた存在なのです。旧ライブドアが行ったさまざまなビジネススキームも、そのほとんどはリーマン・ブラザーズらアメリカの投資銀行が何十年も前に開発した手法なのです。

外資に狙われていた日本企業

2000年代のアメリカは危ないマネーゲームが加速、リーマン・ブラザーズはその中心にいました。そして日本の企業にも食指を動かしていました。

日本企業はそれまで規制に守られていたので、攻撃的なM&Aなどに慣れていません。それはリーマン・ブラザーズのような投資銀行には魅力的でもありました。日本経済はM&Aなどがそれほど活発ではなく、企業の防御策も甘かったのです。日本の企業買収に関わることができれば、濡《ぬ》れ手に粟《あわ》で大儲けをすることができるからです。

しかし当時、外国の金融機関が日本企業を買い漁るにはいろいろ規制がありました。また日本の企業家に、モラルに反するような危ないマネーゲームをしたがる人はいないので、なかなか外国の金融機関は食い込むことができません。

リーマン・ブラザーズなどは、どうにかして日本市場に食い込みたい、そのための協力者を探していたのです。**モラルに反するようなマネーゲームも平気でできる**企業家を。

そこで白羽の矢が立ったのがライブドアの堀江氏であり、村上ファンドの村上氏だったわけです。

彼らは新しい投資家でもなんでもなく、

「アメリカで使い古された手法」

「モラルに反するから日本では誰もやりたがらなかった手法」

を用いただけなのです。

それにしても、もしテレビ局やソニーがライブドアに買収されていれば、日本経済は大変なことになっていたはずです。

ご存じのようにリーマン・ブラザーズのビジネススキームはこの数年後に破綻し、世界的な大不況「リーマンショック」を引き起こすことになります。日本も大きな打撃を受けたのですが、それよりもはるかに大きな衝撃が日本経済を襲うことになったでしょう。

ソニーの悪の買収計画は、ライブドア粉飾事件によって流れます。この事件は、見方によってはライブドアや堀江氏を救ったともいえます。あの粉飾発覚がなければ、ライブドアや堀江氏の**罪はもっと大きくなったはずで**、現在どうなっているか想像もできない状況に陥っていたはずです。

事業家としては全然大したことはなかった

「フジテレビの支配権を握った」

「ソニーを買収しようとしていた」

と言われれば、堀江氏は何かすごい事業家のような感じがします。現在の堀江氏の知名度も、このことが大きく影響していると思われます。

が、ちゃんとその内容を見てみれば、ただ**外資系の資本力に物を言わせていただけ**です。外資系の融資した金がなければ、まずこういう買収劇はありえないことだったのです。

しかも彼は外資系を利用していたのではなく、利用されていたのです。

転換社債の件を見てもわかるように、ライブドアはリーマン・ブラザーズに食い物にされていたに等しいのです。

堀江氏やライブドアは他人のふんどしで相撲を取ったどころか、他人に上手に使われていただけなのです。

日本の重要な企業を勝手に担保に差し出して外資から巨額の金を借り、その企業を引っ掻《か》き回すことで暴利を得る……。

彼は経営手腕で稼いだのではなく、人並み外れた**「恥知らずさ」**で金を稼いできたのです。

彼の恥知らずさは、現在もまったく変わっていません。

2020年には、こういう事件がありました。

彼が仲間とともに広島の餃子店を訪れたとき、仲間の1人がマスクをしていなかったので入店を断られます。その腹いせに彼はSNSに餃子店を中傷し、しかも店名が特定できる書き方をしました。そのため愚かな彼の支持者たちが、餃子店にいたずら電話をするなどの嫌がらせをし、餃子店は一時休業に追い込まれたのです。

聞いただけで気分が悪くなる、本当に嫌な話です。

堀江氏の恥知らずさもさることながら、堀江氏を崇拝し、餃子店を攻撃する信者のことを思うと、気が遠くなるほどの絶望を感じます。**こんな愚かな人たちが日本にいる**んだ、と。

おそらく彼らは堀江氏のことを非常に優れた事業家と思っているのでしょう。

もちろん自分が創業した企業を上場させることはすごいことですし、それなりに優れた経営手腕を持っていることは間違いありません。が、日本には上場企業は約4000もあるのです。その4000のうちの1つに過ぎないのです。

しかも彼が経営していたライブドアは、インターネット事業の本業でたった3億円しか利益が出ていませんでした。上場企業の中で3億円しか本業の利益が出ていないというのはチリのような存在です。本来、事業家としての彼は掃いて捨てるほどあるチリの1つに過ぎなかったのです。

決してテレビに出て、偉そうな意見を言えるほどの事業家ではなかったのです。

彼の現在の存在価値は、煎《せん》じ詰めれば外資から借りた巨額の資金によって形成されたものなのです。

第2章

黒幕はやはり竹中平蔵氏

竹中平蔵氏がホリエモンを生んだ

旧ライブドアや堀江貴文氏、村上ファンドは、外資系金融機関の資金力により台頭したと前述しました。

が、実は外資系金融機関のほかにも、彼らを助ける大きな動きが日本国内からありました。日本をマネーゲーム化する環境を整えて、ライブドアや村上ファンドを生じさせるお膳立《ぜんだ》てをした人物がいるのです。

あの竹中平蔵氏です。

この二十数年、国は極端な投資家優遇、富裕層優遇の政策を実施してきました。それがライブドアや村上ファンドが急拡大する下地になったのです。

この投資家優遇政策を推し進めたのが、竹中平蔵氏なのです。

竹中平蔵氏は**旧ライブドアや村上ファンドの生みの親**と言ってもいいでしょう。

同氏はご存じのように小泉内閣で総務大臣などを歴任し、経済政策を一手に引き受けてきた人物です。

現在でも政府の諮問機関の委員などをしており、2000年代以降の日本の経済政策はその主導によって行われたともいえます。

そして今の日本社会の閉塞感、少子高齢化の急加速などにおいて、その責任は大きなものがあると思われます。

小泉政権で竹中平蔵氏が経済政策を担っていた時期、投資に関する税金は大幅に減額されました。

また投資組合の規定が緩和されるなど、投資に関する規制が大幅に緩和されました。その結果、企業や投資家が資金を出し合って大掛かりな投資を行う「ファンド」が激増しました。

その一方で、竹中平蔵氏は**「日本の賃金は高すぎる」**が持論であり、日本全体の雇用状況を悪化させ、賃金を下げる政策を行いました。日本は先進国でほぼ唯一、この20年間で賃金が下がった国となっており、それは国民生活を苦しいものにさせました。

これらの政策は彼が直接、立案したのではないものもありますが、氏の経済思想を強く反映していることは間違いありません。

金持ち優遇政策の機運は、バブル崩壊以降からありました。だから竹中平蔵氏だけが金持ち優遇を行ったわけではありません。

それでもその登場により、その機運が急加速したことは間違いないのです。というより竹中平蔵氏は日本社会が保っていた最低限のモラルのようなものを崩し、完全にタガを外してしまったのです。

氏の経済政策の本旨は**「ズルいものだけが得をする社会」**だといえます。そうした社会にうまく適合し、台頭してきた代表的な人物が堀江貴文氏なのです。

竹中平蔵氏は人格的にも最悪であり、

「今だけ金だけ自分だけ」

という思想を完璧に実践している人物でもあります。

この章では竹中平蔵氏の政策が旧ライブドアや村上ファンドの台頭を誘導し、日本に深刻な格差社会をもたらした経緯を述べたいと思います。

日本を投資家天国にした竹中平蔵氏

竹中平蔵氏がどうやって投資家を優遇していったのか、具体的に見ていきましょう。

彼は小泉内閣成立直前に書いた『竹中教授のみんなの経済学』（幻冬舎）という本の中で、次のように述べています。

「日本は労働分配率が高い。だから経済成長が止まっているのだ」

労働分配率を簡単に言えば、サラリーマンの給料のことです。

会社が社員に高い給料を払っているので、日本の経済が駄目になったというのです。

そしてこうも述べています。

「労働分配率を下げれば、家計は苦しくなる。でもその分を投資で儲ければ補える」

つまり会社は給料を下げなさい、そして家庭は給料が下がった分は株で儲けて補いなさいと述べているのです。

そして竹中平蔵氏は日本の経済をその持論どおりに誘導していきました。

法人税率は20％以上引き下げられ、高額所得者の税率は30％近く引き下げられました。

そして株主の税金を大幅に安くしたのです。

以前、株主配当の税金は他の所得と同様に累進課税制度になっており、多額の配当をもらっている人は、他の所得の人と同様に多額の税金を納めていました。

しかし2003年の税制改正で、「どれほど多額の配当があっても所得税15％、住民税

5％の税率だけでいい」となったのです。

普通、個人の所得税というのはさまざまな収入を合算し、その合計額に見合った税率を課せられるようになっています。

たとえばサラリーマンや個人事業などの収入があった場合は、所得の合計額が4000万円を超えた場合に最高税率の45％となっています。

しかし配当所得の場合は、他の収入と合算されることはありません。だからどんなに配当をもらっていても、わずか15％の税金で済むのです。

配当所得は、「収入が高い人ほど税金が高くなる」という所得税のルールから除外されているのです。つまり配当所得は何千万円、何億円収入があろうと、税率は15％なのです。

また配当所得における「住民税」は、わずか5％です。

サラリーマンの場合、住民税は誰もが10％です（課税最低限に達しない人は除く）。

つまり額に汗して働いた人が10％の住民税を払わなければならないのに、株を持っているだけでもらえる配当所得には、その半分の5％しか課せられていないのです。

その結果、日本の株の配当所得の税金は、実は**先進国でもっとも安くなっている**のです。

・配当所得に対する税金（財務省サイトより）

日本 15％
アメリカ 0〜20％
イギリス 10〜37・5％
ドイツ 26・375％
フランス 15・5〜60・5％

アメリカ、イギリス、ドイツ、フランスと比べても、日本の税率15％というのは明らかに安い。イギリスの半分以下であり、ドイツ、フランスよりもかなり安くなっています。

あの投資家優遇として名高いアメリカと比べても、日本のほうが安いのです。

しかも2003年から2008年までは特別措置として投資家の税金は本来の半分の10％に免除されました。また特定の期間に株の売買をした場合、税金をかけないという時限立法もつくりました。つまり投資家は一定期間、所得税が免税されたのです。

この投資家に対する超優遇制度をフルに利用したのが旧ライブドアであり、堀江貴文氏だったのです。

株主優遇制度はそれだけにとどまりません。

2002年に商法が改正され、企業は決算が赤字でも配当ができるようになったのです。それまでは各年の利益から配当が払われるのがルールだったのです。しかし、この改正により、その年は赤字でも過去の利益を積み立てている会社は配当ができるようになったのです。

このため会社は赤字でも、配当できるようになったのです。

この結果、上場企業は株式配当を以下のように激増させました。

・上場企業の株式配当

2005年 4・6兆円
2007年 7・2兆円
2009年 5・5兆円（リーマンショックによる影響で一時的に減少）
2012年 7・0兆円
2015年 10・4兆円
2017年 12・8兆円

この十数年間はリーマンショックで一時的に減少したものの、**「うなぎ登り」**といっていい上昇をしています。2005年と2017年を比較すれば、なんと約3倍の増加なのです。もちろん配当所得を得ている人は、収入が激増しました。

ハゲタカ・ファンドを生んだ「投資組合」とは？

ライブドアや村上ファンドは**「複雑な企業買収」**をすることで不自然に株価を上げ、企業価値を高める戦略をとっていました。そして「複雑な企業買収」の中に粉飾決算を紛れ込ませていました。

この「複雑な企業買収」は、投資組合というものを隠れ蓑《みの》にして行われていました。

村上ファンドやライブドアが世間を騒がせたときに、「投資組合」という言葉がよく出てきたので、ご記憶の方も多いでしょう。

この投資組合という制度も、竹中経済政策が大きく関係しています。

竹中平蔵氏が経済政策を担っていたとき、この投資組合の制度が整えられたのです。

組合というと、互助組合とか協同組合とか、マネーゲームとはちょっとかけ離れた堅いイメージがあります。

この投資組合とは一体どういうものでしょうか？

投資組合とは、民法上で言うところの「組合」です。互助組合とか協同組合と基本的には同じなのです。投資家からお金を集めて、それを運用する「組合」という意味です。

つまり投資家同士がお金を出し合って組合をつくり、その組合が投資活動を行うということなのです。

このように一見、穏健なシステムのように思える投資組合ですが、実は非常に暗黒な性質が内在しているのです。

投資組合は一般の企業とは違う取り扱いをされるので、実質的な支配者がだれであったとしても法律上は子会社としての扱いを受けません。

また一般の会社のように、法人登記や監査が義務付けられていません。そして投資組合は組合の中にだれがいるのか、第三者にはなかなか見えにくいので企業買収などをするときには有利なのです。

M&Aなどを行う企業、投資家にとって、**投資組合は非常に使い勝手のいい**ものです。

しかも投資組合を介在した取引をすれば、非常に税金が安くて済むのです。

というより投資組合自体には、まったく税金がかからないのです。

なぜなら投資組合は、会社ではなく「組合」だからです。

法律上の組合は、いくら収益を上げても税金はかかってこないようになっています。収益は組合員に還元されて、税金は組合員が払うという建前なので、投資組合自体は税金を払わなくていいのです。

そうなると、どういうことが起きるかというと、投資組合は投資で儲かったお金をそのまま再投資に使うことができるのです。

これが普通の投資会社ならば、こうはいきません。

企業が投資を行ったり他企業の買収を仕掛けて利益を得たりした場合、その利益には多額の法人税がかかります。

だから儲けたお金で再投資をしようとするなら、利益を差し引いた残りの資金でするしかありません。

だから投資会社をつくるより、投資組合をつくったほうが絶対に有利なのです。

ライブドアや村上ファンドは企業買収で、数百億、数千億の利益を上げてきました。普通の企業だったら、その半分近くは税金でもっていかれます。でも投資組合には税金がかからないので、儲けた金をそのまま次の投資に使うことができたのです。彼らが急成長したのは、そのためなのです。

この投資組合の逃税法を使い始めたのは、実は外資系の投資会社です。

1998年に長期信用銀行が破綻したとき、アメリカの企業、外国銀行などの集合体である「ニューLTCBパートナーズ」（以下LTCB）が買収しました。

長銀の株は紙切れ同然でだれも引き取り手がない中、LTCBはわずか1200億円で買い取ったのです。

国は「不良債権は引き継がないでいい」という条件で長銀をLTCBに売却していました。長銀には**4兆円という公的資金が導入**されており、LTCBにとってこの買収はまたとない儲け話だったのです。

長銀から改称された新生銀行は2004年には東証一部上場を果たし、LTCBはそれだけで1000億円以上の莫大な利益を得ました。

そして、その利益には税金が課せられなかったのです。

LTCBというのは企業ではなく組合なので、日本の税金が課せられません。だから日本でいくら儲けようが、その収益は無税で本国に引き取ることができたのです。

これが日本の組合ならば、組合員が収益を受け取ったときには課税されます。が、この場合、組合員が外国企業なので日本の税金はかかりません。ＬＴＣＢは投資組合を隠れ蓑にして、日本の税金をまったく逃れてしまったのです。

企業買収などに無防備だった日本経済は、**ＬＴＣＢにまんまとしてやられた**わけです。

そしてそれ以来、組合を使った逃税法を日本の投資家も真似をするようになったのです。

日本をマネーゲーム国家にしようとした

それにしてもなぜ、このような投資家を優遇する制度がつくられたのでしょうか？

実は投資組合というのは、もともと中小企業など資金調達が難しい企業が資金を調達しやすくするために設けられた制度です。上場していない会社、中小企業というのは、資金を調達する場所が非常に限られています。

その不便を解消するため平成10年に投資事業有限責任組合法という法律がつくられ、一般の人も「投資組合」を使えば、簡単に中小企業に投資できるようになったのです。

ところが２００４年４月に投資事業有限責任組合法は改正されました。小泉内閣が行った株式市場至上主義に基づく経済政策です。

この改正で投資組合は中小企業だけではなく、上場された大企業にも投資できるようになったのです。

中小企業の資金確保という当初の目的はまったく崩れ、**マネーゲームを後押しするシステム**になったのです。

この改正で、村上ファンドやライブドアなどが台頭してくることになったのです。

この小泉内閣の動きは、アメリカのマネーゲームを真似したものです。

アメリカは80年代からマネーゲームを加速させ、ＩＴバブルを起こしています。それがはじけた後は住宅バブルを起こして、一時的に経済を活性化させてきました。つまり、わざとバブルを起こすことによって経済の成長を支えてきたのです。

日本もそれにならって人為的にバブルを起こして、経済を活性化させようとしたわけです。おかげで日本も小泉内閣の時代に一時的に経済は活性化しました。

でも、そんなことがいつまでも続くはずはありません。好況の根本がバブルだったので、そのうち**はじけるのは目に見えていた**のです。

そしてご存じのようにアメリカのバブルがはじけてリーマンショックが起きます。日本もこれにまともに巻き込まれることになったのです。

長者番付が廃止された理由

ところで30代以降の人ならば、毎年春に長者番付というものが発表されたのを覚えているはずです。

芸能人やスポーツ選手などの長者番付も発表され、芸能界の風物詩的なものにもなっていました。

この長者番付、いつの間にか廃止されたというイメージがあると思います。この長者番付が廃止されたのも、小泉政権の時代の2006年なのです。

そして長者番付の廃止も、**金持ち優遇政策の一環**だったのです。

長者番付は正式には、高額納税者公示制度といいます。高額納税者公示制度とは、毎年1000万円以上の納税額がある人の氏名と納税額を税務署に公示するというものです。

納税額が公表されるわけですから、全国でその一覧を集めれば、分野別の高額納税者もわかります。そこで、マスコミが各分野の高額納税者を集計して発表するのが長者番付というわけです。

なぜ高額納税者が公示されるのかというと、これは**金持ちへのけん制**のためでした。

税務当局としては、

「ここに公示されている人のほかに、たくさん儲けている人や贅沢な暮らしをしている人はいませんか？　そういう情報があったらお寄せください」

という告知のつもりなのです。

実際に税務署では密告を受け付ける部署がありました。

そして、なぜ廃止されたのかというと、高額納税者制度は住所地が公示されるので犯罪に巻き込まれる危険があるという理由でした。

しかし、この理由には無理があります。

住所が特定されて危険というのであれば、住所地は公表せずに国税庁が全国まとめて公示すればいいのです。

長者番付制度はどれだけ稼いでいるのかを公表するので、金持ちの納税姿勢に対する強いけん制になっていました。

それなりの社会貢献をしなければ、世間的にみっともないということです。

にもかかわらず長者番付制度が廃止されたために、世間ではだれがどの程度稼いでいるのかわからず、金持ち側としては社会貢献などを意識せずとも、こっそり稼ぐことができるようになったのです。

竹中平蔵氏の経済政策全般に、こうした**「金持ち優遇の思想」**が見られるのです。もし現在も長者番付制度が残っていたら、同氏は今よりももっと非難されていたはずです。なぜなら彼が日本中の大企業から莫大な報酬を得ていることが明るみに出るからです。

長者番付の廃止は、竹中平蔵氏を守るためにつくられたとさえいえるでしょう。

億万長者を激増させた竹中政策

なぜこれほど竹中平蔵氏が富裕層や投資家を優遇してきたかというと、

「富裕層が増えれば、山頂から水が流れるように中間層以下も豊かになっていく」

という思想を持っていたからです。

いわゆる**トリクルダウン**という考え方です。

その結果、この十数年、日本では億万長者が激増し、富裕層の富が膨れ上がっています。

次の表は年間所得5000万円以上の人数の推移です。

年間所得が5000万円あるような人は、総資産は1億円をはるかに超えているはずなので**超ミリオネア**だといえます。

そして、ほとんどの人が予想されているとは思いますが、小泉政権時にこの超ミリオネアは激増しているのです。これを見ると、小泉政権の前半は微減となっているものの、後

億万長者の推移

年	政権	億万長者の人数
平成11年	小渕政権	40623人
平成12年	森政権	45356人
平成13年	小泉政権	43680人
平成14年	小泉政権	40035人
平成15年	小泉政権	40463人
平成16年	小泉政権	45882人
平成17年	小泉政権	53612人
平成18年	小泉政権	58381人
平成19年	第一次安倍政権	60318人
平成20年	自民党政権	59227人
平成21年	民主党政権	47942人
平成22年	民主党政権	49882人
平成23年	民主党政権	52580人
平成24年	第二次安倍政権	54863人
平成25年	↓	67351人
平成26年		65243人
平成27年		70023人
平成28年		72709人
平成29年		78136人
平成30年	↓	81275人

半に激増していることがわかります。

森喜朗政権時代と比べれば20％以上も増えているのです。

先進国で唯一国民の平均年収が激減している

では、「トリクルダウン」の考え方どおりに、中間層以下も豊かになったのでしょうか？

全然そんなことはありません。

日本で富裕層が優遇され億万長者が激増するのと反比例するように、国民全体の収入は下がり貧困層が拡大していきました。

次ページの表は、サラリーマンの平均給与の推移です。

これを見れば、日本の平均給与は小泉政権の前後にほぼ横ばいだったのが、小泉政権の時代に大きく下がっているのがわかります。

平成20年にはリーマンショックが起きているので、ここから数年、給料が下がっているのは仕方がないことではあります。しかし、これは小泉政権の後の出来事です。

サラリーマンの平均給与の推移

年	政権	サラリーマンの平均給与	
平成11年	自民党小渕政権	461万3,000円	
平成12年	自民党森政権	461万円	
平成13年	自民党小泉政権	454万円	竹中氏大臣就任
平成14年	自民党小泉政権	447万8,000円	↓
平成15年	自民党小泉政権	443万9,000円	↓
平成16年	自民党小泉政権	438万8,000円	↓
平成17年	自民党小泉政権	436万8,000円	↓
平成18年	自民党小泉政権	434万9,000円	↓
平成19年	自民党安倍政権	437万2,000円	竹中氏大臣辞任
平成21年	自民党麻生政権	405万9,000円	リーマンショック
平成24年	民主党政権	408万円	
平成25年	第二次安倍政権	413万6,000円	
平成28年	第二次安倍政権	421万6,000円	
平成30年	第二次安倍政権	440万7,000円	

この賃金の下がり方というのは、**先進国では日本だけ**なのです。

日本経済新聞2019年3月19日の「ニッポンの賃金（上）」によると、1997年を100とした場合、2017年の先進諸国の賃金は以下のようになっています。

アメリカ	176
イギリス	187
フランス	166
ドイツ	155
日本	91

このように日本の賃金状況は、先進国の中では異常ともいえる状態なのです。

小泉内閣の時代、史上最長とされる好景気の期間もあり、トヨタなど史上最高収益を出す企業も多々ありました。

経常収支の黒字も内部留保金も2000年代以降、世界でも稀に見るほど積みあがってきているのです。

にもかかわらず我々の生活はどんどん苦しくなり、少子高齢化は先進国最悪のペースで進み、自殺率も世界最悪レベルで高止まりしています。

なぜかというと、投資家や企業は儲かっているのに社員の給料を上げなかったからです。そして大企業の賃下げを強力にバックアップしたのが竹中平蔵氏なのです。というより**大企業に賃下げを推奨**さえしてきたのです。

そのため日本は先進国の中で唯一、この20年間の賃金が減少しているのです。

ほかの先進国はどこもITバブルの崩壊やリーマンショックを経験し、日本よりも企業業績の悪い国は多々ありますが、ちゃんと賃金は上がっているのです。

この賃下げ政策により年収200万円以下の低所得者が激増し、若い人は結婚を諦めたり、出産を諦めたり、二人目の子供を諦めたりしなくてはならなくなったのです。

経済学者としてポンコツだった

このように竹中平蔵氏は、投資家や大企業を優遇する一方で労働者の賃金を抑え込む政策を講じました。

小泉政権時代、**労働政策においてとんでもない改悪**をしています。

裁量労働制の拡充でサービス残業が蔓延し、労働者派遣法の緩和で派遣労働者が爆発的に増えたのです。

特に製造業の派遣労働の解禁は、日本の労働市場に大きな影響を与えました。

なぜこれまで製造業の派遣労働が禁止されていたかというと、製造業というのは危険も大きいため、会社が従業員の安全に全責任を持つためにという意味がありました。

また製造業に派遣労働を許してしまうと、ちょっと景気が悪くなったら、すぐに大量に解雇されてしまい、労働者の生活が不安定になるという危険もあったからです。

実際にリーマンショック直後には、製造業の派遣労働者が大量に雇い止めされ、路頭に迷った人たちが「派遣村」で年を越す事態が生じました。

ワーキングプアという言葉が使われだしたのも、小泉内閣以降なのです。

なぜ竹中平蔵氏が日本の労働状況を悪化させたのかというと、前述したように「日本は労働分配率が高すぎる」という考え方を持っていたからです。

この労働分配率だけを抽出して日本経済を分析するやり方は、明らかに雑なものの見方だったのです。そもそも日本人の賃金はまだ欧米に比べて安く、バブル期であっても欧米には届いていませんでした。

日本企業の利益率自体が欧米企業よりも低かったので、労働分配率が高くなるのは当たり前だったのです。だから賃金を減らすのではなく、企業の利益率を上げる方法を考えなくてはならなかったはずです。日本企業は、それまで欧米よりも安い商品を大量につくることで貿易黒字を稼いでいました。

つまり**国家的な「薄利多売」**であり、今の中国のようなビジネスモデルだったのです。

しかし貿易黒字がたまり物価が上がり賃金が上昇すれば、このビジネスモデルは成り立ちません。

だから日本はこのビジネスモデルを変え、欧米のような利益率の高いビジネスへとシフトすることが先決だったのです。

そして日本では労働者の権利が欧米ほどきちんと守られておらず、サービス残業や長時間労働は当たり前でした。現在でも日本はサービス残業や長時間労働などで、**世界最悪のレベル**なのです。

そういう日本の労使関係において、国が企業に対して「賃金を下げてもいい」という方針を打ち出せば、賃金の低下に歯止めがかからなくなることは目に見えていました。

欧米ならば、労働者の権利が厳重に守られているので、企業の論理だけで賃金を下げることはできません。欧米は厳しい競争社会のように見えますが、国民や労働者の権利は何よりも大事にされてきたのです。

あの自由の国のアメリカでさえ、日本の中央銀行にあたるＦＲＢに**「雇用を守る義務」**を課しているほどです。つまり失業が増えないように、ＦＲＢが努力する義務を負っているのです。

またアメリカの株式市場では、労働環境が悪化したり、労働者の賃金が下がったりすれば、株価が下がる傾向にあります。つまり「労働者の生活が守られないと景気はよくならない」という意識が国全体に浸透しているのです。

竹中氏はそういう欧米の「雇用を大事にする文化」「労働者の生活を大事にする文化」に目を向けることなく、ただただ「株主を優先する文化」だけを強引に日本に導入しようとしたのです。

綿密な分析をせずに、ただただ日本は労働分配率が高いから下げろという、**あまりに雑で乱暴な経済政策**を行ったのです。

またサラリーマンに対して「賃金が下がっても、その分株で稼げばいい」という主張も明らかに現実から逸脱したものでした。もともとそれほど高くなかった賃金がさらに下げられれば、株式投資に回す余裕などはありません。

だからほとんどの国民にとっては、この20年間「賃金が下がっただけ」「生活が苦しくなっただけ」となってしまったのです。

竹中氏の経済政策が少子高齢化を加速させた

昨今、日本は急激な少子高齢化に見舞われています。

この急激な少子高齢化は「日本人のライフスタイルが変わったから起きた」と思っている人が多いかもしれません。確かに日本人のライフスタイルが変わったことにより、晩婚化や少子化となりました。

しかし、これほど急激な少子高齢化が起きたのは、**政治の失策が大きな原因**となっているのです。特に竹中平蔵氏の経済政策は、日本の少子高齢化を急激に加速させました。

実は少子化という現象は、日本だけのものではありません。

欧米では、日本よりもかなり早くから少子高齢化の傾向が見られていました。

日本の少子化は1970年代後半から始まりましたが、欧米では、そのときすでにかなり深刻な少子化となっていました。

そして1975年くらいまで、**欧米のほうが日本よりも出生率は低かった**のです。が、この40年の間、欧米諸国は子育て環境を整えることなどで、少子化の進行を食い止めてきました。

1975年の時点で、日本の出生率はまだ2を少し上回っていました。フランスは日本より若干高いくらいでしたが、イギリスもアメリカもドイツも日本より低く、すでに出生率が2を下回っていました。しかしフランス、イギリス、アメリカは大きく出生率を下げることはなく、現在は出生率2に近くなっています。

一方、日本は70年代から急激に出生率が下がり続け、現在は1・4にまで低下しています。もちろん出生率が2に近いのと1・4とでは、少子高齢化のスピードがまったく違います。

少子化の大きな要因となっているのは、非正規雇用者の増大です。

正規雇用の男性の既婚者は4割なのに対して、非正規雇用の男性の既婚者は1割しかいません。このデータを見れば、日本社会の現状として**「非正規雇用の男性は事実上、結婚**

できない」ということです。

現在、非正規雇用の男性は500万人以上います。10年前よりも200万人も増加しているのです。つまり結婚できない男性が、この10年間で200万人増加したのです。

また公益財団法人「1 more baby 応援団」のアンケート調査によると、既婚者の約80%が「二人目の壁」があると回答しています。

二人目の壁というのは、本当は二人子供が欲しいけれど経済的理由などで躊躇《ちゅうちょ》してしまうというものです。夫婦が二人の子供を持つことに不安を感じる国というのは、世界中を見渡してもそれほど多くはありません。それほど日本は**子育て貧国**になっているのです。

前述したように竹中氏が経済政策を担っていた時期に、日本は非正規雇用を増大させて、サラリーマンの平均賃金は大きく下がっています。日本の急激な少子高齢化に竹中政策が大きく影響したことは紛れもない事実なのです。

まったく責任を感じていない

竹中平蔵氏は経済学者としてポンコツだっただけではなく、人格も最悪なのです。

これほど強欲で無責任な人間を筆者は知りません。

彼の人格最悪エピソードは、掃いて捨てるほどあります。

たとえば竹中平蔵氏は製造業の派遣労働を解禁した2年後、大臣をやめて派遣会社大手のパソナに重役として迎えられているのです。

あまりに露骨すぎて笑い話にもならない、ただただ唖然《あぜん》とするだけです。

竹中平蔵氏は現在、パソナの会長をしています。パソナは人材派遣業の最大手です。

そして派遣労働拡充政策を主導したのは、小泉内閣です。

小泉内閣の閣僚だった竹中平蔵氏は、その責任を免れるはずはなく、またその政策で大儲けしている企業の会長になるなど言語道断のはずです。

そのことについて、たびたび世間から批判されてきましたが、彼はまったく責任を感じていないのです。

竹中平蔵氏の2020年6月19日のツイッターを見てください。

以下、竹中氏のツイッターです。

昨日の新潮に、また誹謗中傷記事。「竹中は大臣時代に製造業の派遣を解禁。

パソナはそれで大儲け」

もう何度も述べたが、派遣解禁は厚生労働大臣の決定、私の担当ではない。

それにパソナは、製造業派遣は一切やってない。

政策は複雑だ。

お茶らけたコメンテーターは、もっとちゃんと勉強した方がいい。

このツイッターは「週刊新潮」の、

「竹中平蔵氏が大臣の時に製造業の派遣解禁をし、その後、大臣をやめて人材派遣業のパソナの会長になった。パソナと竹中平蔵氏は製造業の派遣解禁により大儲けした」

という記事に竹中氏自身が反論したものです。

これを読むと、竹中氏はつまり、

「派遣解禁は自分のやったことではないから責任はない」

「パソナは製造業の派遣はしていないので、パソナの利益になっていることではない」

と反論しているわけです。

まあ、このツイッターこそが竹中氏の人徳を非常によく表しているといえます。

労働力の流動化推進や賃下げ推進などは、常日頃から持論として述べてきたことです。

そして竹中氏は小泉内閣の経済政策を事実上、一手に引き受けてきたはずです。

製造業の派遣労働の解禁は、その流れで行われたことは間違いないことです。「最後の実務を自分が担当していない」といって、その全責任を逃れようというのです。

こんな図々しい政治家がありますか？

というより、政治家以前に人としておかしいと思われます。

万が一、この派遣労働の改正が竹中氏の意向は反映されていなかったとしても、「日本の労働環境を大きく変えるほどの重要な法案」を施行した内閣に閣僚として入っていたわけです。

閣僚の一人としても、口が裂けても**「自分には責任はない」**とは言えないはずです。

竹中氏を象徴する住民税脱税疑惑とは？

竹中氏の人格を象徴するエピソードとして、住民税脱税疑惑というものがあります。

これは小泉内閣時代に国会でも追及されたことなので、ご存じの方も多いと思われますが、その全貌はあまり知られていないので改めてご説明しておきたいと思います。

竹中氏が慶應大学教授をしていたころのことです。

彼は住民票をアメリカに移し、日本では住民税を払っていなかったのです。住民税というのは、住民票を置いている市町村からかかってくるものです。だから住民票を日本に置いてなければ、住民税はかかってこないのです。

もちろん彼が本当にアメリカに移住していたのなら、問題はありません。しかし、どうやらそうではなかったのです。

この当時、アメリカでも研究活動をしていたので、住民票を移しても不思議ではありません。でも実際にやっていたのは研究だけであり、仕事は日本でしていたのです。

竹中氏は当時慶應大学教授であり、実際にちゃんと教授として働いていたのです。

竹中大臣はこの時期、「所得税」の納税は日本で行っています。もしアメリカに居住していたということであれば、所得税も日本で納税する必要はありません。

なぜ所得税は日本で納税したのに、住民税は納めていなかったのでしょうか。

竹中平蔵氏は、**住民税の仕組みの盲点**をついていたのです。

住民税は、1月1日に住民票のある市町村に納付する仕組みになっています。1月1日に住民票がなければ、どこかの市町村がそれを知ることはないので、どの市町村も納税の督促をすることはありません。

だから1月1日をはさんで住民票をアメリカに移せば、住民税は逃れられるのです。

しかし、これは**明らかな違法であり、脱税**なのです。

竹中平蔵氏は、「住民税は日本では払っていないがアメリカで払った」と国会で主張していました。日本で払っていなくてもアメリカで払っていたのなら、合法かどうかは別としてともかく筋は通ります。

それを聞いた野党は、「ならばアメリカでの納税証明書を出せ」と言いました。でも竹中氏は最後まで納税証明書を国会に提出しなかったのです。

住民税というのは所得税と連動しています。所得税の申告書を元にして、住民税の申告書が作成されます。これはアメリカでも同じです。

国内で所得が発生している人にだけ住民税がかかるようになっているので、アメリカで所得が発生していない竹中氏が住民税だけを払ったとは考えにくいのです。

当時、税制の専門家たちの多くも竹中氏は**「ほぼ黒」**だと主張をしていました。日本大学名誉教授の故北野弘久氏もその一人です。北野教授は国税庁出身であり、彼の著作は、国税の現場の職員も教科書代わりに使っている税法の権威者です。

けっして左翼系の学者ではありません。

その北野教授が竹中平蔵氏は黒に近いと断言しているのです。

でも、この脱税疑惑はうやむやになってしまいました。

当時は小泉政権の支持率が絶頂のときであり、竹中平蔵氏の不祥事などマスコミもあまり厳しく追及せず、世間はそれほど関心を持たなかったのです。

しかし脱税をしていたような人物に経済政策を任せるとは、実は大変なことです。

泥棒に警察庁長官をさせるのと同じことです。

そのことにマスコミも世間も気づいていなかったのです。

結局、これをうやむやにしてしまったことが、その後の日本に大きな災いをもたらすことになるのです。

彼に経済政策を担わせたために日本は、このような**「恥知らずなズルいものだけが潤う、いびつな社会」**になってしまったのです。

第3章

富裕層の税負担はフリーターよりも軽い

フリーターより安い富裕層の実質税負担率

この二十数年の日本ではホリエモンのような金持ちがもてはやされる一方で、国民全体の収入は低下し深刻な格差社会が生じました。特に子供の貧困率はＯＥＣＤの平均よりもはるかに高く、34か国のうちから10番目という惨状となっています。

そして、この格差化が日本社会に閉そく感をもたらしています。

この格差化の大きな要因が金持ち優遇政策にあるのです。

実は今、日本でもっとも税金を払っていないのは富裕層です。

こう述べると、

「日本の金持ちは決して優遇されてはいない」

「日本の金持ちは世界でもトップレベルの高い税金を払っている」

と反論する人もいるでしょう。

インターネットの掲示板などでも、日本の富裕層は世界一高い所得税を払っているという意見をよく目にします。

しかし、これは**まったくデタラメ**です。

なるほど日本の所得税の税率は、世界的に見て高い水準です。

しかし、これにはカラクリがあります。

日本の富裕層の所得税にはさまざまな抜け穴があって、名目税率は高いけれど、実質的な負担税率は驚くほど安いのです。

むしろ日本の富裕層は、先進国でもっとも税金を払っていないといえるのです。

確かに日本の税制では、富裕層の最高税率は50%です（所得税と住民税を合わせて）。最高税率50%というのは先進国でトップクラスであり、これだけを見れば日本の金持ちはたくさん税金を払っているように見えます。

しかし日本の金持ちの場合、税制にさまざまな抜け穴があり、実質的な税負担は欧米の先進国よりもかなり低いものとなっています。

というより日本の超富裕層の実質的な税負担は、なんとフリーターよりも安いのです。

次の表は、年収5億円の配当収入者と年収200万円のフリーターの実質的な税負担の比較です。配当収入者というのは大企業の株などをたくさん持ち、多額の配当などを得ている人のことです。富裕層の多くは、こういう形で収入を得ています。

年収5億円配当収入者と年収200万円フリーターの税負担

	年収5億円の配当収入者	年収200万円のフリーター
所得税、住民税	約20％	約6％
社会保険料	約0.5％	約15％
収入に対する消費税負担率	約1％	約8％
合計	約21.5％	約29％

現行税制に照らし著者が作成

この表を見ると、富裕層は所得税、住民税自体が非常に安いことがわかるはずです。高額所得者の名目上の最高税率は50％なのですが、配当所得者は約20％なのです。

日本には、**配当所得に対する超優遇税制**があります。

配当所得は、どんなに収入があっても所得税、住民税を合わせて一律約20％でいいことになっているのです。

これは平均的サラリーマンの税率とほぼ同じです。

これは配当所得を優遇することで、経済を活性化させようとする小泉内閣時代の経済政策によるものです。

先ほど述べましたように、富裕層の収入は持ち株の配当によるものが多いのです。だから富裕層の大半は、この優遇税制の恩恵を受けているのです。

また配当所得者に限らず、「経営者」「開業医」「地主」など富裕層の主たる職業では、だいたい税金の大きな抜け穴が用意されています。名目どおりの高額の税率を払っている富裕層は、**ほとんどいない**といってもいいほどです。

岩波新書の『日本の税金』（三木義一著）によると、日本の所得税は一応、累進課税になっています。所得1億円までは税率が上がっていきますが、1億円を超えると急激に税率が下がるというデータが載せられています。※ 所得1億円の人の実質税負担率は28・3％ですが、所得100億円の人は13・5％まで下がるのです。なぜ所得が高い人の実質負担率が下がるかというと、何度も触れたように所得が高い人は「配当所得」の割合が高くなるからです。

※このデータは、政府の諮問機関である日税専門家委員会に提出された資料です。2008年当時とは若干、税制は変わっていますが、基本的には富裕層優遇が続いているので、今でも大差ないと考えられます。

日本の金持ちは社会保険の負担も著しく低い

そして富裕層の実質税負担が少ないもう1つの要因が社会保険料です。

国民の税負担を検討する上では、税金と同様の負担である社会保険料も含めたところで考えなくてはなりません。

社会保険料というのは日本の居住者であれば、一定の条件のもとで必ず払わなくてはならないものです。そして社会全体で負担することで、社会保障を支えようという趣旨を持っており、まさに税そのものなのです。国民健康保険の納付書などには「国民健康保険税」と記されています。

そして社会保険料の負担率を加味した場合、**「富裕層優遇」**がさらに鮮明になるのです。

今、国民の多くは、社会保険料の高さに苦しんでいます。

社会保険料は年々上がり続け、税金と社会保険料を合わせた負担率は40％にのぼっています。

これは実質的に世界一高いといえます。

「日本は少子高齢化社会を迎えているのだから、社会保険料が高くなるのは仕方がない」

国民の多くは、そう思って我慢しているはずです。

しかし、しかし、富裕層の社会保険料の負担率は驚くほど低いのです。5億円の配当収入者ではわずか０・５％に過ぎないのです。

郵便はがき

料金受取人払郵便

牛込局承認

8133

差出有効期間
2023年 8 月19
日まで
切手はいりません

162-8790

東京都新宿区矢来町114番地
神楽坂高橋ビル5F

株式会社ビジネス社

愛読者係 行

ご住所 〒 TEL:（　　）　FAX:（　　）		
フリガナ お名前	年齢	性別 男・女
ご職業	メールアドレスまたはFAX メールまたはFAXによる新刊案内をご希望の方は、ご記入下さい。	
お買い上げ日・書店名 年　月　日	市区 町村	書店

ご購読ありがとうございました。今後の出版企画の参考に
致したいと存じますので、ぜひご意見をお聞かせください。

書籍名

お買い求めの動機

1　書店で見て　　2　新聞広告（紙名　　　　　　　　　　　　）

3　書評・新刊紹介（掲載紙名　　　　　　　　　　　　）

4　知人・同僚のすすめ　　5　上司、先生のすすめ　　6　その他

本書の装幀（カバー），デザインなどに関するご感想

1　洒落ていた　　2　めだっていた　　3　タイトルがよい

4　まあまあ　　5　よくない　　6　その他(　　　　　　　　　　　　)

本書の定価についてご意見をお聞かせください

1　高い　　2　安い　　3　手ごろ　　4　その他(　　　　　　　　　　　　)

本書についてご意見をお聞かせください

どんな出版をご希望ですか（著者、テーマなど）

現在の社会保険料は、原則として収入に対して一定の割合で課せられています。厚生年金の場合は約8％です。

しかし社会保険料には上限があります。

たとえば国民健康保険の場合は、介護保険と合わせて約100万円です。つまりいくら収入があろうが、**100万円以上の保険料は払わなくていい**のです。

国民健康保険の上限に達する人は、だいたい年収1200万円程度とされています。ということは1億2000万円の収入がある人の負担率は、年収1200万円の人の10分の1でいいのです。6億円の収入がある人は、50分の1でいいのです。収入が増えれば増えるほど、社会保険料の負担率は無料のように安くなっていくのです。

社会保険料の上限制度は、ほかの先進諸国にもあります。ただし欧米の先進諸国では社会保険料の負担の多くを企業が担っています。企業が社会保険料の大半を担っているということは、間接的に株主が担っていることであり、富裕層が担っているということになります。

が、日本の場合、サラリーマンの社会保険料は企業と社員が折半となっています。そもそもフリーターなどの場合は会社から社会保険に入れられないことが多く、全額自費で払っている人が大半です。

また表にあるように、金持ちは消費税の負担率も非常に低くなっています。消費税の場合、低所得者は収入のほとんどを消費に回してしまうので、「収入に対する税負担率」は限りなく消費税率に近づきます。しかも日本の消費税は、ヨーロッパ諸国の間接税のような生活必需品の税率を非常に低く抑えるという配慮もありません。だから低所得者の消費税負担率は、ほぼ10％になるのです。

その一方で富裕層は消費するのは収入のごく一部であり、収入の大半は貯蓄や投資に充てられます。年収5億円の人が年間1億円を消費し、残りの4億円は貯蓄や投資に充てた場合は、収入に対する消費税負担率は2％になります。

つまり収入に対する消費税負担率で見た場合、年収200万円のフリーターのほうが年収5億円の配当所得者よりも何倍も高いのです。

このように日本の税制をよくよく詰めていくと、金持ちがものすごく優遇されているのです。

金持ちが多くを負担するのは近代国家としては常識

「金持ちが税負担を多くする」

というのは近代国家にとって、**ごくごく常識的な税制度**です。

税金には所得の再分配という役割があります。

経済社会において自由に経済活動をしていると、どうしても貧富の格差が生じてしまいます。堀江氏のようなモラルに反しても金儲けをしてしまう人もいれば、ぐっとこらえてモラルを守り、貧しい生活を余儀なくされている人もいます。

また病気やケガ、事故、事件などで思うようにお金が稼げなくなった人、親の会社を継ぐだけで莫大な収入を得られるようになった人など、さまざまな不公平があるのです。

その不公平を放置していれば、社会の安寧上いろんな問題が生じてきます。

だから金持ちに多くの税を負担させ、それを貧しい人などに分配することで、社会の安寧を保とうというわけです。

このシステムは、**人類の長い歴史の中の経験則**としてつくられたものなのです。

ここで気を付けていただきたいのは、税金の「負担額」と「負担率」を混同してはならないということです。

金持ちの税金は税率が低くても高額になるので、たくさん税金を払っているように見えます。

たとえば年収2000万円の人が10％の税金を払っても20万円にしかなりません。しかし年収1億円の人が5％の税金を払えば、500万円になります。なので金額だけを見て

「金持ちって偉い」

となりがちです。

特に日本人はお人よしなので、金持ちは貧乏人よりもたくさん税金を払っているから偉いとだまされてしまいます。

が、年収200万円の人が10％税金を取られるのと、年収1億円の人が5％取られるのでは負担感は全然違います。年収200万円の人の場合、10％取られると死活問題になります。年収1億円の人にとって5％などは屁でもないし、半分税金に取られてもまだ普通の人の何倍もの金持ちなのです。

だから国民全体の生活安定を考えて、近代国家では「金持ちのほうが負担率を高くする」累進課税制度が採られるようになったのです。

そのため先進国はどこも、金持ちのほうが税負担率は高くなっています。直接税にしろ、間接税にしろ、「負担率」が大きくなっています。

しかし日本は金持ちのほうが税負担が安くなっているのです。完全に時代に逆行しているのです。**日本はもはや近代国家ではない**とさえいえるでしょう。

日本の富裕層の税金はアメリカの半分以下

日本の富裕層がいかに税金を払っていないかは、アメリカと比較すれば、もっともわかりやすいのです。

次の表は、アメリカと日本の所得税の比較です。

最高税率を比べれば日本は45%、アメリカは37%なので、日本は8ポイントも高くなっています。最高税率というのは富裕層に課されるものです。だから最高税率だけを見れば、日本の富裕層は高い所得税を払っているような気がするでしょう。

では、実際に支払われた税額を見てみましょう。

日本の所得税収は、わずか18・7兆円に過ぎません。

日米の所得税比較

	アメリカ	日本
所得税率（最高税率）	37%	45%
所得税額（2021年度予算）	1兆9290億ドル（約200兆円）	18.7兆円

一方、アメリカの所得税収は約200兆円です。

なんと日本の所得税収は**アメリカの10分の1以下**しかないのです。

日本の経済規模はアメリカの4分の1なので、明らかに日本の所得税収は低すぎるのです。経済規模を考慮しても、日本の所得税収はアメリカの半分以下といえるのです。

最高税率はアメリカより7ポイントも高いのに、なぜ税収は2分の1以下になっているのでしょうか？

富裕層はたくさん税金を払っているけれど、貧乏人が税金を払っていないから、日本の税収は低いのでしょうか？

それは違います。

アメリカで収入のある人のうち46％は、所得が低い理由で所得税を免除されています。

しかし日本は収入のある人のうち、所得が低いとして所得税を免除されているのは20％以下なのです。

またアメリカでは、高額所得上位10％の人が税収の70％を負担しています。

つまりアメリカの高額所得上位10％は140兆円程度の所得税を負担しているのに、日本の上位10％の人は60％しか負担していません。わずか10兆円ちょっとです。

負担割合から見ても、アメリカの富裕層は日本よりも多くを負担しているのです。

名目の税率は日本の金持ちのほうが高いのに、実際の税負担はアメリカの半分以下……**いかに日本の金持ちの税金が抜け穴だらけ**か、ということです。

日本の金持ちは世界で一番ケチ

しかもアメリカの富裕層は、日本の富裕層よりはるかに良心的です。

アメリカの著名な投資家で大富豪のウォーレン・バフェット氏が**「自分たち富裕層からもっと税金を取れ」**という主張をしたのは有名な話です。

当時、アメリカでも投資家への特別減税を実施しており、中間所得層よりも投資で大儲けしている人の税金が安いという状況が生じていました。それに対して、もっとも恩恵を受けたはずの投資家から自分たちの税金を上げろという声が出てきたのです。

アメリカという国は、なんやかんや言って、そういう部分がある国です。

またアメリカの富裕層というのはたいがいの場合、慈善事業に巨額の寄付をしています。寄付文化があるからです。

アメリカの寄付金は、年間20兆円の規模があるとされています。20兆円というと、日本の国税収入の約半分です。

それが慈善事業などに回るのです。

一方、日本の富裕層、投資家から、そういう話が出たことはほとんどありません。

堀江氏も東日本大震災などのときには、6000万円程度の寄付をしたとされています。

この話を聞いて単純な人は、

「ホリエモンってすごい」

と思うかもしれません。

普通の人にとって6000万円というのは非常な大金です。

しかし彼がこれまで貪《むさぼ》ってきた暴利、日本経済に与えた損失に比べれば、チリ程度だといえます。

また欧米の富豪は、常時収入の10分の1程度を寄付する人が多いのです。それと比べても、堀江氏の寄付金はモノの数ではありません。

前にも触れましたが、フジテレビ買収事件等での株価上昇のため堀江氏は100億円以上稼いで、税金はたった10％しか払っていないのです。このときの稼ぎをすべて寄付したって、いいくらいです（それでも彼の道義的責任が果たされたとは言いがたいくらいです）。

また堀江氏の場合、世間に名前と顔が知られているので、さすがに東日本大震災などの災害時には寄付をしないと世間に批判される恐れがありました。もちろん金持ちの多くは、堀江氏のような知名度はありませんから、寄付をしなくても世間の批判を浴びることはありません。日本の金持ちのほとんどは、寄付らしい寄付をしていないのです。

日本は、アメリカの富裕層の半分以下しか税金を払っていないのに、自分から「税金を取れ」と言ってきた人はほとんどいませんし、寄付もあまりしません。

そのために個人金融資産が2000兆円にも膨れ上がったのです。

彼らの資産を有効活用することが、今の日本経済の最大課題といえるのです。

もし日本の富裕層がアメリカ並みの税金を払えば、どうなるでしょうか？

アメリカの所得税の税収はGDPの7％前後なので、もし日本もそれくらいの税収になれば、500兆円×7％＝35兆円です。

今より20兆円以上も税収が増えるのです。20兆円というのは、ほぼ消費税の税収と同じです。つまり金持ちが当たり前に税金を払っていれば、**消費税は不要**なのです。

日本の金持ちの税負担は先進国の中で一番低い

またアメリカに限らずほかの先進諸国と比較しても、日本の金持ちの負担は非常に低いのです。

次の表を見てください。

これは、先進主要国の国民所得に対する個人所得税負担率を示したものです。

つまり国民全体の所得のうち、所得課税されているのは何%かを示したものです。国民全体の所得税の負担率を示しているといえます。

実は日本は、これが**わずか7・2%**です。

主要国の中では断トツに低いのです。

アメリカ、イギリス、ドイツ、フランスはどこもGDP比で10%以上の負担率がありま

主要国の個人所得税の実質負担率（対国民所得比）

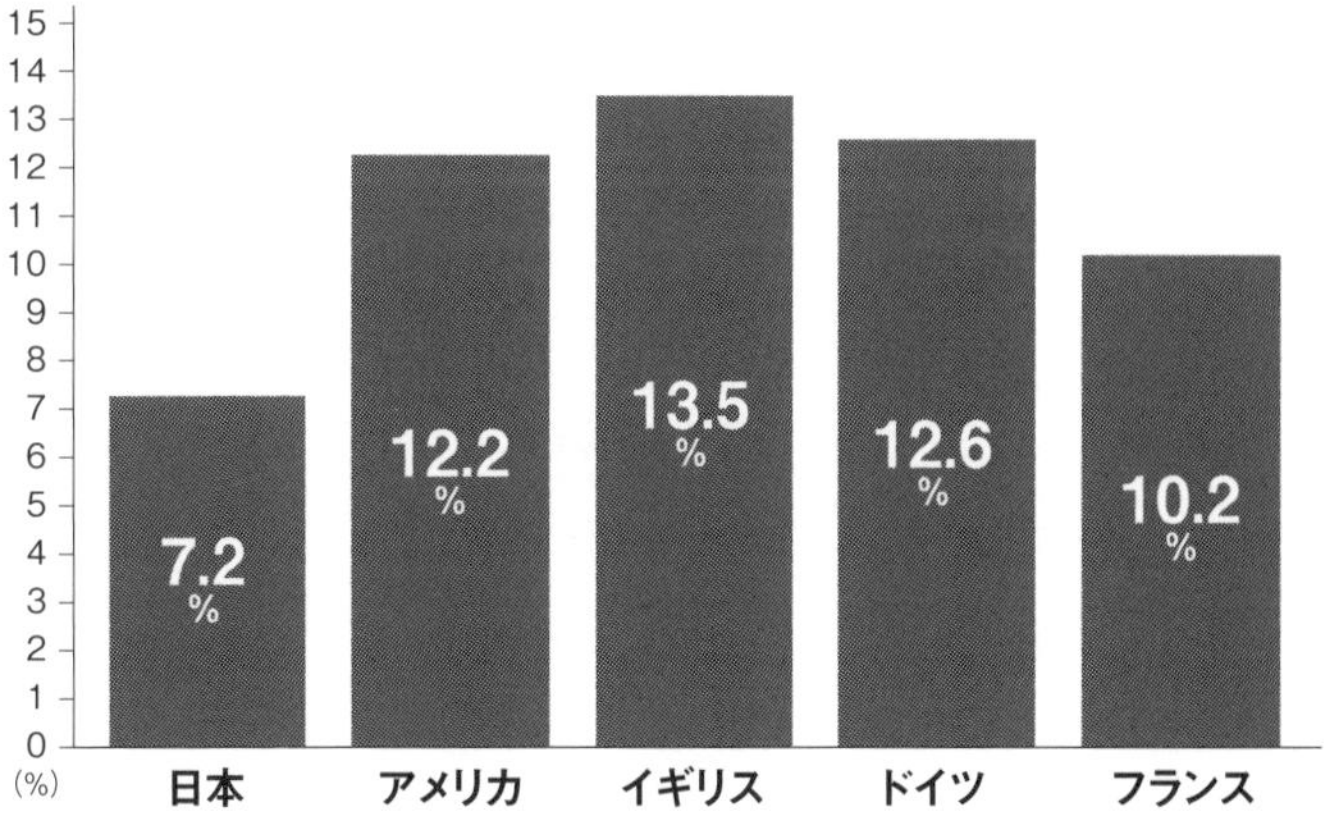

世界統計白書2012年版より

す。イギリスに至っては13・5％で、日本の約2倍です。

個人所得税というのは、先進国ではその大半を高額所得者が負担しているものです。国民全体の所得税負担率が低いとは、すなわち「高額所得者の負担が低い」ことを表しているのです。

これはつまり日本の富裕層は、先進国の富裕層に比べて断トツで税負担率が低いということなのです。日本の富裕層は、名目の税率は高くなっているけれど、実際に負担している額は非常に低くなっているのです。

富裕層が社会保険料を払えば年金問題はすぐに解決する

また先ほども述べましたように富裕層には税金だけじゃなく、社会保険にも大きな抜け穴があります。

もしこの抜け穴をふさぎ、富裕層の社会保険料の負担率を他の人と同じ率に引き上げれば、**年金の財源などはすぐに賄える**のです。

国税庁の民間給与実態調査によると、サラリーマンだけでも年金保険料の上限を超える人（年収1000万円超）は5％もいます。配当所得者、不動産所得者、自営業者なども含めれば相当な数になります。

これらの人が他の人と同率で年金保険料を払うなら、概算でも5～10兆円程度の上乗せとなるのです。現在、年金保険料収入は33兆円前後なので、一挙に2、3割増しになるのです。

これだけ社会保険料収入が上がれば、年金の財源問題はほとんど収束するのです。

社会の恩恵をもっとも受けているのは富裕層なのです。彼らは日本の社会が安定し、順調に経済運営が行われているからこそ、富裕層になれたわけです。

だから社会保障に対して、相応の負担をしなければならないのは当たり前のことです。

年金問題の解決には、まずは富裕層の社会保険料の負担を引き上げるべきです。ほとんどの国民は、それに異論がないはずです。

この二十数年、富裕層には大減税が行われてきた

富裕層の税金には大きな抜け穴があることをこれまで述べてきました。が、富裕層の優遇政策はこれにとどまりません。

あまり知られていませんが、富裕層の税金はこの二十数年の間、大幅に減額されているのです。つまり富裕層の税金は、実質的な負担額が安いだけじゃなく、「名目上の税率」も下げられているのです。富裕層の税金は、ピーク時と比べれば40%も減税されているのです。

昨今の日本は景気が低迷し、我々は増税や社会保険料の負担増に苦しんできました。当然、富裕層の税金も上がっているんだろうと思っている人が多いでしょう。

1980年と2021年の所得1億円の人の税率の違い

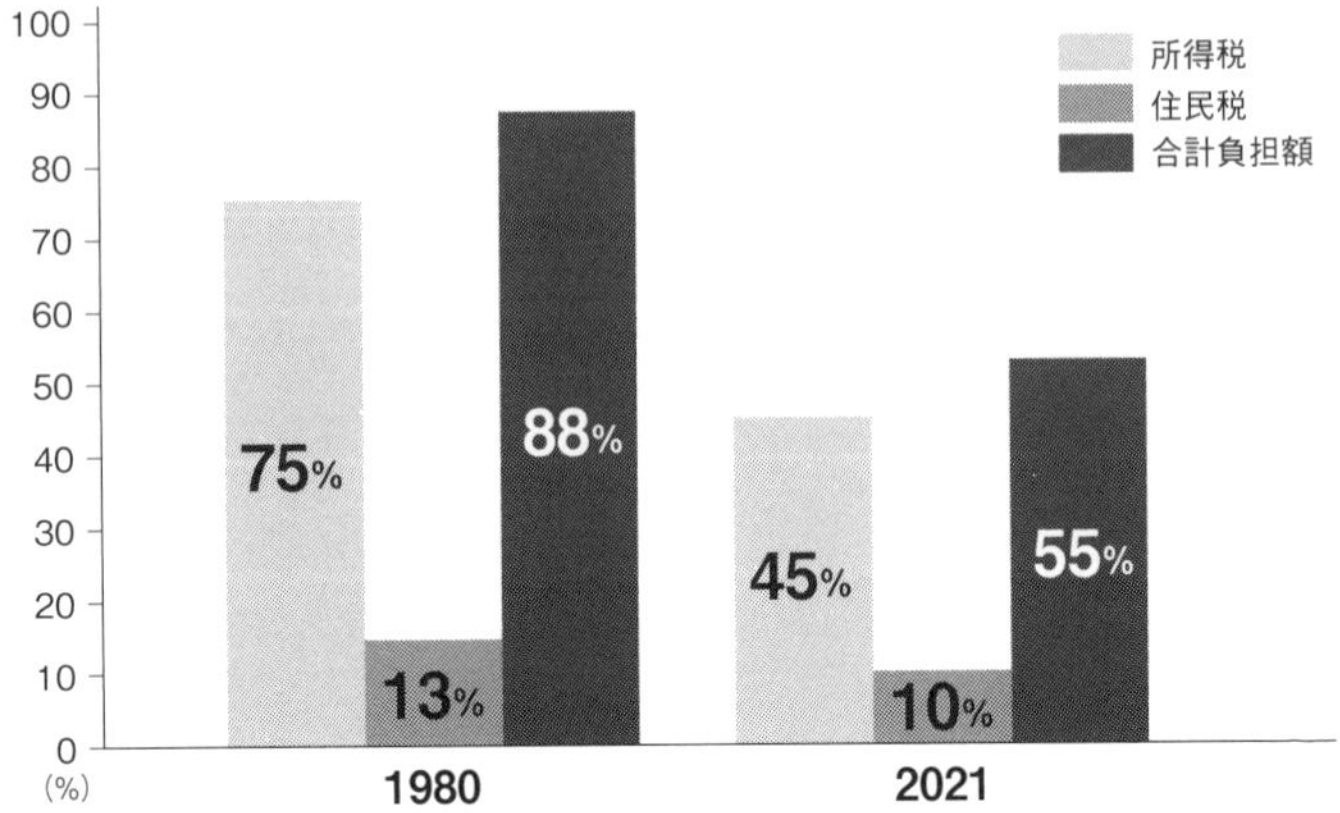

世界統計白書2021年版より

しかし富裕層の税金は、ずっと下がりっぱなしなのです。

これでは格差が広まって当然なのです。

富裕層の減税の内容を説明しましょう。

表のように所得が１億円の人の場合、１９８０年では所得税率は75%でした。しかし86年には70%に、87年には60%に、89年には50%に、そして現在は45%まで下げられたのです。

また住民税の税率も、ピーク時には18%だったものが、今は10%となっています。

このため最高額で26・７兆円もあった所得税は、現在は20兆円を切っているのです。

そして、この減税分はほぼ貯蓄に向かったといえます。富裕層というのは元からいい生活をしています。収入が増えたところで、それほど消費には回されません。だから減税されれば、それは貯蓄に向かうのです。

その結果、**「景気が悪いのに個人金融資産が激増」**となったのです。

相続税も大幅に減税された

富裕層が優遇されているのは、所得税だけではありません。

これもあまり知られていませんが、相続税はこの20年間に大幅に減税されているのです。

次ページの表のように相続税の最高税率は1988年までは75%だったのが、2003年では50%にまで下げられています。2014年の税制改正で若干、増税され現在は55%になっていますが、まだバブル前よりは20ポイントも低いのです。

相続税がなぜこれほど減税されてきたかというと、「相続税は高すぎる」と有識者や富裕層が主張してきたからです。

現在の相続税の最高税率は55%であり、「資産の55%も税金で取られるのは、かわいそうだ」などと思う人もいるでしょう。

相続税の最高税率の推移

	1988年まで	1991年まで	1993年まで	2002年まで	2003年以降	2010年以降
最高税率	75%	70%	70%	70%	50%	55%
対象者	5億円を超える遺産をもらった人	5億円を超える遺産をもらった人	10億円を超える遺産をもらった人	20億円を超える遺産をもらった人	3億円を超える遺産をもらった人	6億円を超える遺産をもらった人

しかし、ここには**数字のトリック**があります。

富裕層や税務当局は相続税の〝55%〟という税率だけを持ち出し、〝高すぎる〟と主張してきました。

しかし相続税の全貌を知れば、それが高すぎるとは絶対に思われないはずなのです。

普通の人は、「相続税の税率は55%」と言われると、遺産の55%が税金で持っていかれる印象を持つでしょう。しかし55%というのは名目上の「最高税率」のことであって、実際には驚くほど税金は低いのです。

相続税というのは、かなり大きな財産をもらわないとかかってこない税金です。

相続税は遺産の額によって段階的に税率が引き上げられることになっており、最初は10%から始まります。

そして今の税法では最高税率の55%が課せられる人というのは、6億円を超える遺産をもらった人だけです。これは遺族全体で6億円超ではなく、遺産を相続した個人個人で6億円超をもらった場合です。だから遺族が4人いる場合は、合計で24億円を超える遺産がなければ、最高税率55%はかかってこないのです。

また相続税には控除額などがあるので、6億円超の遺産をもらっても実際の税率は50%を切ります。つまりは6億円超の遺産をもらっても3億円以上は残るのです。

「自己責任」の誤解

昨今の日本では「自己責任」などという言葉がよく言われます。

富貴も貧困も自己責任である、だから貧富の格差は仕方がないという主旨です。

確かに金持ちは金を得るために努力しているケースが多いし、努力を怠《おこた》って貧しくなった人もたくさんいます。だから自分の努力が富や生活にある程度、反映されるのは仕方がないでしょう。

だからといって、すべてが自己責任というわけではないのです。

金持ちは自分だけの力で金持ちになったわけではありません。

この「平和で秩序の守られる社会」を利用して金持ちになっているわけです。つまり、この社会の恩恵をもっとも受けているのは金持ちなのです。

産業のインフラが整い、質の高い労働力、豊かな中間層がいるからこそ、企業は日本で発展することができたのです。勝手に起業して勝手に大儲けしたわけでは決してないのです。

だから金持ちは「平和で秩序の守られる社会」を維持するために、**最大限の努力をしなければならない**のです。

貧富の差が激しい社会では治安が悪くなり、金持ちは安穏と暮らしていけません。

南米やアジア・アフリカには貧富の差が激しい地域が多々あります。そういう地域では金持ちは高い塀をつくり、門番を雇うことが珍しくありません。そうやって身を守ろうとしても、金持ちは定期的に襲われます。たとえばブラジルの金持ちなどは、強盗に襲われることは日常茶飯事であり、税金だと割り切って黙って盗まれるそうです。下手に抵抗すれば殺されてしまうからです。

日本でも治安が悪い地域は、貧困地域とリンクしています。日本の場合は、食うに困るほどの貧困層はそれほどいないので、そこまで治安の悪い地域はありません。それでも殺人など犯罪が多い地域は、必ずといっていいほど貧困が関連しています。

世界的、歴史的に見ても貧困者が増えると、社会の治安は悪くなります。貧富の格差がエスカレートすると、紛争、革命、戦争に結びつきやすいのです。

金持ちの社会的責任

金持ちには**社会的責任**というものがあります。

これは、別に法律で定められているわけではありませんが、金持ちがこの責任を果たさなければ、社会は殺伐としたものになってしまいます。治安が悪化し、暴動が起きたり、はては紛争になったり、革命が起きたりするのです。

現在、日本はまだ豊かです。先進国の中では急激に衰退していますし、貧富の格差が広がっています。しかし、まだ治安が悪化するほどの状態までにはなっていません（治安が悪化しつつある地域もあります）。

しかし、これ以上、貧富の格差が拡大し、貧困層が増えれば、治安が悪くなるようなこともあり得るのです。

堀江貴文氏が豊かな生活を営めるのは、日本が豊かだからです。

税金をきちんと払い、社会保障を充実させ、貧困層をつくらないというのは、金持ちを助ける手段でもあるのです。

金持ちが今の豊かな生活を続けたいのであれば、今の社会を守る努力をしなければなりません。金持ちは今の社会でだれよりもいい思いをしているのだから、だれよりもたくさん税金を払わなければならないのは当たり前なのです。

「税負担がフリーターより低い」という現状では、貧富の差がどんどん広がりますし、それはやがて金持ちの生活を脅かすことになるはずです。

格差社会がエスカレートするとどうなるか？

弱者を救わない世の中は殺伐とし、治安が悪化します。

そして極端な方向に向かうことが多いのです。

格差社会が究極にエスカレートすると、どうなってしまうのでしょうか？

そのわかりやすい例が実は我々の身近にあります。

それは戦前の日本社会です。

戦前の日本というと、「軍部の暴走」ばかりが取りざたされます。それが日本を泥沼の戦争に引きずり込んだ、と。

が、この「軍部の暴走」について、あまり語られてこなかった歴史的事実があります。

それは、「当時の国民は軍部の暴走に熱狂していた」ということです。

満州事変から2・26事件まで、国民の多くは軍部を圧倒的に支持していました。なぜ軍部の暴走を国民は歓迎したかというと、戦前の日本は現代以上の「超格差社会」だったからです。

戦前の日本経済は、一部の財閥に支配されていました。終戦時、三井、三菱、住友、安田の4大財閥だけで、全国の企業の資本金の49・7％を占めていました。

資産額では、それよりももっと高い比率を占めていたとされます。

日本経済の過半は、数家族の財閥に握られていたのです。

財閥がどれほどの財力を持っていたのか、わかりやすいのが「旧財閥邸」です。現在、東京には旧財閥家の邸宅が博物館や記念館などになっているケースが多々あります。

たとえば上野公園の中にある都立庭園の「旧岩崎邸」や東京都北区にある都立庭園の「旧古河庭園」などです。上野公園の「旧岩崎邸」は、東京の一等地に1万6000平方メートルにも及ぶ広さを持つ大邸宅です。外国人が設計した西洋風建築物でビリヤード場までありますす。訪れたことがある人は、その広さに驚かれたはずです。

しかもこの大邸宅は、岩崎家が所有していた邸宅のほんの一部に過ぎません。さらに岩崎家の財産の大半は不動産ではなく株券でした。岩崎家の財力がいかに大きかったかということです。

金持ちの税金が著しく安かった戦前日本

戦前の税制では、経営者や役員の報酬に原則として税金はかかりませんでした。

会社が法人税（当時の名称は所得税）を払っているので、経営者や役員は税金を払う必要がないという理屈です。戦争が激しくなると経営者や役員にも特別税として課税されましたが、平常時は非課税だったのです。

また法人税も今よりは格段に安かったのです。そのため財閥一族は儲かったお金がそのまま蓄積していき、雪だるま式に資産を増やしたのです。

昭和2年度の長者番付では、1位から8位までを三菱、三井の一族で占めていました。三菱岩崎家の岩崎久彌などは430万円もの年収があったのです。大学出の初任給が50円前後、労働者の日給が1～2円のころです。**労働者の日給の1万倍近い収入**を得ていたことになります。現在の貨幣価値にすると、今のサラリーマンの平均年収が500万円前後なので、その1万倍というと500億円になります。

財閥家の人々は、今の韓流ドラマに出てくる財閥家のように、夢のようなゴージャスな生活を送っていました。

もちろん当時の国民にとって、財閥の存在が面白いはずがありません。

大正デモクラシーや労働運動でも糾弾の対象とされたし、2・26事件などの若手将校の過激思想でも目の敵にされました。

安田財閥の創始者安田善次郎は右翼の活動家に暗殺されていますし、三井財閥の総帥だった團琢磨《だんたくま》は昭和7年、血盟団のテロで暗殺されています。

財閥も世間の風当たりを察知して慈善事業を行ったり、役員の報酬を引き下げたりしました。しかし結局、財閥は終戦まで永らえることになります。

貧苦にあえぐ国民

その一方で、戦前の国民の大半は貧苦にあえいでいました。当時の日本人の半数は農業をしており、そのほとんどが小規模農家でした。

彼らは不作になれば、たちまち生活に行き詰まりました。豊作になっても農作物の価格が暴落して、これまた生活苦に陥ることが多くありました。

農家の中には、娘の身売りをしたり一家で夜逃げをするようなものも多かったのです。

特に昭和初期に起きた世界恐慌では、農村は大きな打撃を受けました。

昭和5年、当時の物価は20〜30％下落しましたが、農産物はもっともひどい下落をしました。米は半値以下、まゆは3分の1以下になったのです。昭和7年当時、農家の一戸平均の借金は840円で、農家の平均年収723円を大きく上回るものでした。

そして昭和9年には東北地方が冷害で不作となり、農村はまた大きな打撃を受けました。

農村では学校に弁当を持って行けない「欠食児童」や娘の身売りが続出、一家心中も多発し、社会問題となりました。

昭和6年の山形県最上郡西小国村の調査では、村内の15歳から24歳までの未婚の女性の467名のうち、23％にあたる100人以上が家族によって**身売りを強いられた**そうです。が、貧しいのは農村だけじゃありませんでした。都心部には、まっとうな生活ができない貧民が集まっていました。

戦前の日本では、都市部の多くに貧民街がありました。たとえば東京には深川、浅草、芝、小石川、下谷、京橋、麻布、牛込、本郷、四谷、神田、赤坂などに貧民街があったのです。彼らは非衛生的で狭い長屋などに住み、残飯などを食べて生活していました。当時は兵営や軍の学校で出た残飯を買い取る業者がおり、その業者が量り売りしたものを買って食べるのです。

このような残飯買い取り業者は、昭和5年の時点で東京市内に23軒もありました。この絶望的な貧富の格差により、社会の不満が溜まり、その不満を解消してくれる存在として軍部が台頭していったのです。

軍というのは貧しい農村にとって貴重な就職先でもあり、戦争が拡大すれば軍需関係の仕事も増えたのです。なにより当時の若手軍人の多くは農村に同情的で、5・15事件や2・26事件に走った将校たちも**「財閥の排撃」**がテーマの1つだったのです。それが国民全体の支持を得たのです。

ＧＨＱが行った財閥の会計調査

戦前には我が世の春を謳歌していた財閥でしたが、敗戦とともに大打撃を食らうことになります。戦後のＧＨＱ（連合国軍総司令部）の占領政策において、大きな柱の1つとされたのが**「財閥解体」**でした。

多くの財閥系企業が軍需生産を行っており戦争に協力的だったこと、財閥への富の集中が国民の不満を招き、それが戦争へと向かったことなどから、財閥は「重要戦犯」とされたのです。ＧＨＱは日本に来て早々に当時の14大財閥の家族の資産状況を調査し財産を凍結しました。

14大財閥とは、三井、三菱（岩崎）、住友、安田、川崎、浅野、中島、渋沢、古河、大倉、野村、野口、鮎川、大河内です。この14財閥の合計資産は約16億円です。これは現在の貨幣価値にすれば10兆円近くになると見られます。

この財閥家の資産の中枢である財閥グループの株は、強制的に社会に吐き出させられました。財閥家の所有しているこの巨額の株を強制的に株式市場で売却させたのです。しかも売却されても、その代金は財閥家には入りませんでした。

財閥家が株を売却して得たお金は「財産税」によって、ほとんどが徴収されたのです。財産税というのは、昭和21（1946）年に臨時的に課せられた税金です。この財産税は、一定の資産を持つ人に課せられたもので最高税率は90％にもなりました。

財閥のほとんどは、この最高税率の90％が課せられました。

だから財閥家の資産の大半は、この財産税によって失われることになったのです。

また財閥家の者たちは財閥グループが解体された後も、かつての支配企業の役員に就任することが事実上、禁止されました。

昨今の日本では、急激に社会が格差化しています。

「自己責任」という旗印のもと、富裕層ばかり減税され、消費税増税など庶民への負担がどんどん増えています。

「いつか来た道」

に足を踏み入れているように筆者は思います。

第4章

なぜ金持ちは消費税を推奨するのか？

なぜ堀江氏は消費税を推奨してきたのか？

ところで堀江貴文氏は消費税をずっと推奨していました。

「ほかのヨーロッパの国々はもっと消費税が高い。だから日本はもっと消費税を上げるべきだ」

このようなことを、いろんなところで語っていました。

また2019年の消費税10％の増税時に軽減税率がつくられたときには、「軽減税率なんて意味はない」と言っていました。軽減税率というのは、低所得者のために生鮮食料品などの消費税の税率を下げるというもので、現在8％に設定されています。

しかし堀江氏によると「日本の消費税はたった10％なのだから、軽減税率をつくる必要はない」ということです。

堀江氏に限らず、富裕層や財界はこぞって消費税を推奨してきました。

彼らは日本の行く末を思い、国民の生活のために消費税推奨してきたのでしょうか？

もちろん違います。

なぜ彼らが消費税を推奨してきたかというと、彼らにとって消費税は一番都合のいい税金だからなのです。

前述しましたように高額所得者や投資家の税金は、この20年ほどずっと下げられてきました。その代わりの財源として消費税は創設され、だんだん税率がアップされてきました。

消費税は、国民から広く浅く徴収する税金です。高額所得者の税金を安くし消費税を増税するということは、つまりは富裕層からとっていた税金を、国民全体に課すようになったのです。

しかしほとんどの国民は税金に疎《うと》いので、そのことに気づいていません。

もし国民がこのことに気づいて、

「高額所得者の税金を下げて消費税を上げるのはおかしい」

「増税するならば高額所得者だろう？」

となれば、金持ちとしては都合が悪いわけです。

そのためずる賢い金持ちたちは、高額所得者の税金や配当の税金を上げられないように**消費税の増税を正当化**してきたのです。

また財務省としても安定財源を確保したいので、消費税を推奨してきたのです。そのため今ではすっかり**「消費税はいい税金」**と国民は信じ込まされているのです。

しかし消費税は庶民の生活に直結する税金であり、消費税が創設され税率が上げられるごとに国民生活は低下していっています。それは景気を悪化させるものでもあります。

日本経済が低迷している時期と消費税の創設、増税の時期とはぴったり一致するのです。

本章では、この消費税のカラクリをご説明したいと思います。

消費税を増税したがる人々

消費税というのは、ホリエモンのような富裕層や財務省、財界などの「消費税を導入したい人々」によって、これまでけたたましく喧伝《けんでん》をされてきました。

「消費税は国民全体で負担するから公平」

「日本は間接税の割合が低すぎるから増税するならば消費税」

という具合です。

だから消費税は公平でいい税金だと思い込んでいる人たちはたくさんいます。

しかし「消費税を導入したい人々」の言い分というのは、自分たちに都合のいい情報だけをかき集めたものです。消費税について、ちゃんと多角的に分析すれば、これほど**不公平で欠陥だらけの税金**はないのです。

それは政府が公表しているごくごく一般的な経済指標を見れば、だれだって確認できるものです。

日本国民の「消費」は、バブル崩壊以降ずっと下がり続けてきました。総務省の「家計調査」によると2002年には一世帯あたりの家計消費は320万円をこえていましたが、現在は290万円ちょっとしかありません。先進国で家計消費が減っている国というのは、日本くらいしかないのです。

これでは景気が低迷するのは当たり前です。

この細っていくばかりの「国民の消費」に税金をかければどうなるでしょうか？

国民の生活は苦しくなり、景気は低迷します。

これは、だれがどう見たって判断のつくものです。

その一方で、日本企業はバブル崩壊以降に内部留保金を倍増させ、475兆円にも達しています。内部留保金というのは、企業が利益から税金と配当を払った後の残額であり、いわば企業の貯蓄です。それが、この十数年で倍増しているのです。

また近年、日本は億万長者の数が激増し、彼らの資産の額もめちゃくちゃに膨張しています。

2019年の世界的金融グループのクレディ・スイスの発表によると、日本で100万ドル以上の資産を持っている人は302万5000人でした。そして、日本では現在1946兆円の個人金融資産がありますが、その大半は一部の富裕層が握っているのです。

この現状を見たとき、誰に税金を課すべきか一目瞭然《いちもくりょうぜん》でしょう。

細っていくばかりの国民全体の消費に税金をかけるべきか、世界でも稀に見るほど資産を膨張させている企業や富裕層に税金をかけるべきか。小学生程度の算数の知識があれば、絶対に間違わないはずです。

税金を専門としている学者で、消費税に賛成しているのは**「御用学者」**だけです。それ以外の学者は、自分の政治信条にかかわらず、右も左もみな消費税に反対しているのです。

消費税というのは、ごく一部の者たちにとっては非常に**「美味しい税金」**なのですが、9割以上の国民にとっては生活を苦しめ、将来を脅かす最悪の税金なのです。

ごく一部の者というのはホリエモンのような富裕層や、大企業、財務省の幹部たちです。彼らにとって消費税は、**「巨大利権」**ともいえるものなのです。

消費税は「低所得者ほど負担が大きくなる」

消費税の増税は税金を少しでもかじったものから見れば、非常に危ないといえます。経済学者などでも税金が専門の人や、税金をよく知っている人ほど、消費税に反対されている方が多いのです。

日本の消費税は経済を停滞させ、格差社会を助長する最悪の税金です。

実際に消費税が導入されて以降の日本経済を見れば、それは一目瞭然です。消費税が導入されて以降、日本経済は輸出など決して悪くなかったのに、消費は冷えつづけ、深刻な格差社会、デフレとなってしまったのです。

消費税の欠点というのは、なかなかわかりにくいものです。新聞やテレビでも、消費税のデメリットをちゃんと伝えるということは、ほとんどありません。

消費税のどこが悪いかというと、まず最大のものは**「逆進性」**です。

「消費税の逆進性」は時々マスコミで取り上げられることもあります（きちんと取り扱っていることはほとんどありません）。

逆進性とは所得が多くなるほど、税負担が軽くなるという意味です。

日本の税金は、基本は累進課税が敷かれています。

累進課税とは、収入が多い人ほど税負担割合が増える仕組みのことです。

でも消費税は、その逆になっているのです。

「消費税は一律なんだから、負担割合は一緒じゃないか」

と思う人もいるかもしれません。

しかし、それは違います。

たとえば年収1億円の人がいたとします。

この人の年間消費が2000万円だったとします。

2000万円でも、普通の人に比べれば相当贅沢《ぜいたく》な暮らしができるはずです。残りの8000万円は貯金したり、投資に回したりするわけです。すると、この人が払っている消費税は、2000万円×10%で200万円です。

1億円の収入があって、支払っている消費税は200万円。ということは、この人が収入に対して負担している消費税の割合は1億円分の200万円なので、2%となります。

また一方、年収200万円の人がいたとします。

年収200万円の場合、貯金する余裕はないので、収入のほとんどが消費に向かうはずです。だから消費額は200万円となります。支払った消費税額は20万円です。となると、この人が収入に対して負担している消費税の割合は10％になります。

年収1億円の人の税負担が2％で、年収200万円の人の税負担が10％。

収入が低いほど負担が大きくなるのです。

この例はわかりやすくするために若干オーバーに表現していますが、基本的な仕組みはこういうことです。

累進課税とはまったく逆、つまり「逆進課税」というわけです。

これは屁理屈でもなんでもありません。

これが、もし所得税で同じような税率構成にしていたら、国民は非常に怒るはずです。

もし所得税が年収200万円の人の税率が10％で、年収1億円の人の税率が2％だったら、国民は激怒し、政府は転覆するでしょう。革命さえ起きるかもしれません。

でも、それと実質的にまったく同じことをやっているのが消費税なのです。

消費税というのは、自分が直接払うものじゃなくて、モノを買うときに払う〝間接税〟です。ワンクッションあるから、国民はその現実に気付かないのです。

消費税の逆進性とは

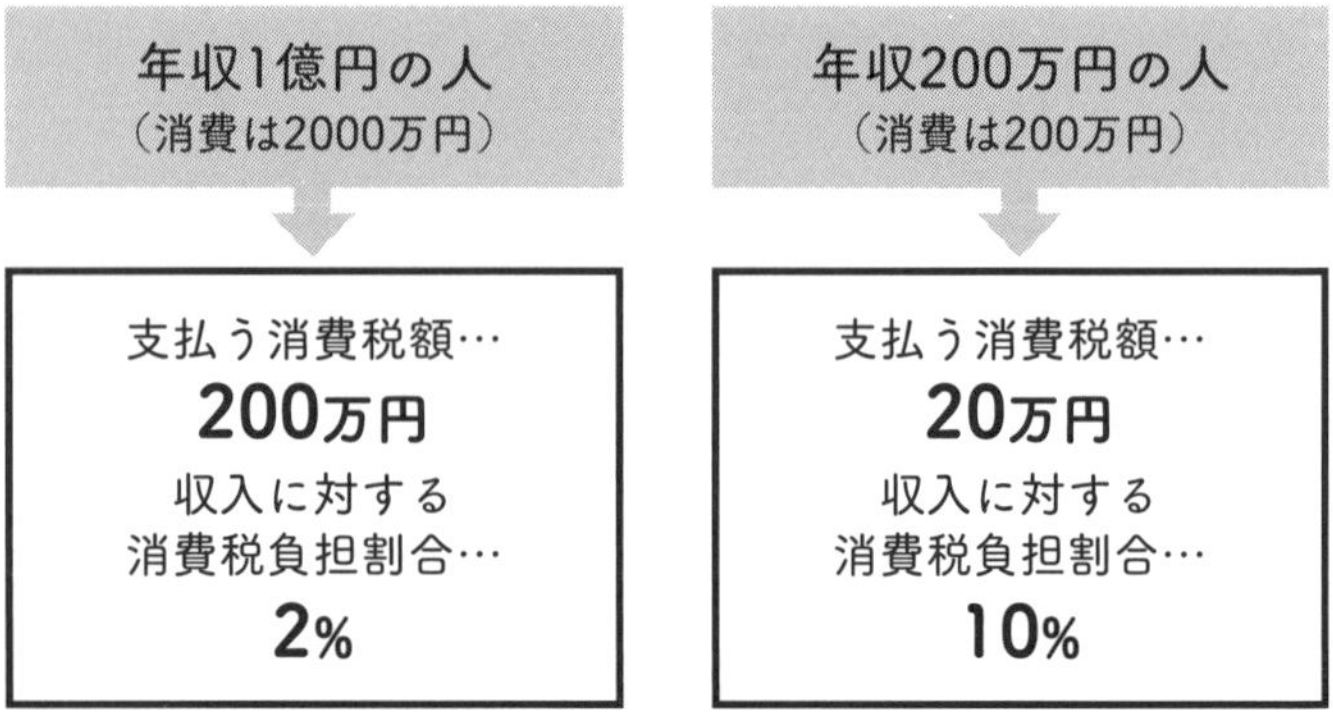

「消費税を払いたくなければ消費しなければいい」

という人もいます。

でも、それこそ**意地悪で現実離れした話**です。

人は消費しなくては生きていけません。

そして所得が低い人ほど、「消費をしない」という選択肢がないのです。貯金をする余裕がないから、必然的に収入のほとんどが消費に充てられるわけです。貯金という逃げ道のない人を狙ってかける税金、それが消費税なのです。

税金には本来、所得の再分配という大事な機能があります。

所得の高い人から多くの税金を取り、所得の少ない人に分配する機能です。経済社会の中で生じたさまざまな矛盾を是正をする機能です。

でも消費税は所得の再分配と、まったく逆の機能となっているのです。

もし消費税が税収の柱になっていけば、お金持ちはどんどん金持ちになって、貧乏人はどんどん貧乏人になります。

これは単なる理論的なことだけではありません。

実際、「格差社会」という言葉が使われはじめたのは、消費税が導入されてからです。消費税と格差社会は、時代的にまったくリンクしているのです。

消費税が導入される前は、日本は一億総中流社会と言われていました。国民全部が自分たちのことを**中流階級だ**と思っていたわけです。つまり貧しい人がいなかったということです。

格差が広がったのは、消費税が導入されてからなのです。

格差社会にはいろんな要因があるので、消費税だけのせいではないけれど、1つの大きな要因であることは間違いないのです。

「先進国の消費税はもっと高い」という詭弁

こんなに悪い税金の消費税なのに、なぜ増税するのか？　なぜ反対意見が出ないのでしょうか？

みなさんは、こういうことを聞かれたことがあるはずです。

「日本は他の先進国に比べれば、消費税が非常に安い。だから増税するとしたら、消費税だ」

堀江氏もよくこういうことを言います。政治家、官僚、経済評論家、マスコミなども、みんな、これを最大の理由にしています。

しかし、この主張には実は大きな欠陥があるのです。

というのもヨーロッパの先進国と日本の消費税では、その中身がまったく違うのです。

同じように間接税ではありますが、両者はまるで違うものなのです。

消費税の最大の欠点は前述したように**「低所得者ほど負担割合が大きくなる」**ことです。

ヨーロッパ先進国の間接税の税率は高くても、低所得者に対する配慮が行き届いています。

ヨーロッパ諸国の間接税では、生活必需品の税軽減など細やかな配慮があります。日本でも今回2019年10月の増税からは、軽減税率が適用されています。が、軽減税率と言っても8％に据え置かれるだけだから、たった2％の軽減しかありません。

しかしイギリス、フランスなどでは、軽減税率が細かく設定され、食料品や生活必需品は極端に税率が低いなどの配慮がされているのです。

イギリス、フランスの付加価値税の主な軽減税率は次のとおりです。

・イギリスの付加価値税の税率

標準税率20％

軽減税率5％　家庭用燃料・電力の供給、高齢者・低所得者を対象とした暖房設備・防犯用品等、チャイルドシート、避妊用品など

軽減税率0％　食料品（贅沢品以外）、上下水道、出版物（書籍・新聞・雑誌）、運賃、処方に基づく医薬品、医療用品、子ども用の衣料・靴、女性用衛生用品など

・フランスの付加価値税の税率

標準税率20％

軽減税率10％　惣菜、レストランの食事、宿泊費、旅費、博物館などの入場料

軽減税率5・5％　水、非アルコール飲料、食品（菓子、チョコレート、マーガリン、キャビアを除く）、書籍、演劇やコンサート料金、映画館入場料

軽減税率2・1％　演劇やコンサートの初演（140回目まで）、処方のある医薬品、雑誌や新聞

非課税　医療、学校教育、印紙や郵便切手

このようにヨーロッパ諸国は、低所得者に手厚い配慮をした上での「高い消費税」なのです。

が、日本では低所得者の配慮などほとんど行わないまま、消費税だけをガンガン上げていこうとしているのです。

最近、国際機関から「日本の貧困率、貧富の格差は先進国で最悪のレベル」という発表

主要国の消費税率

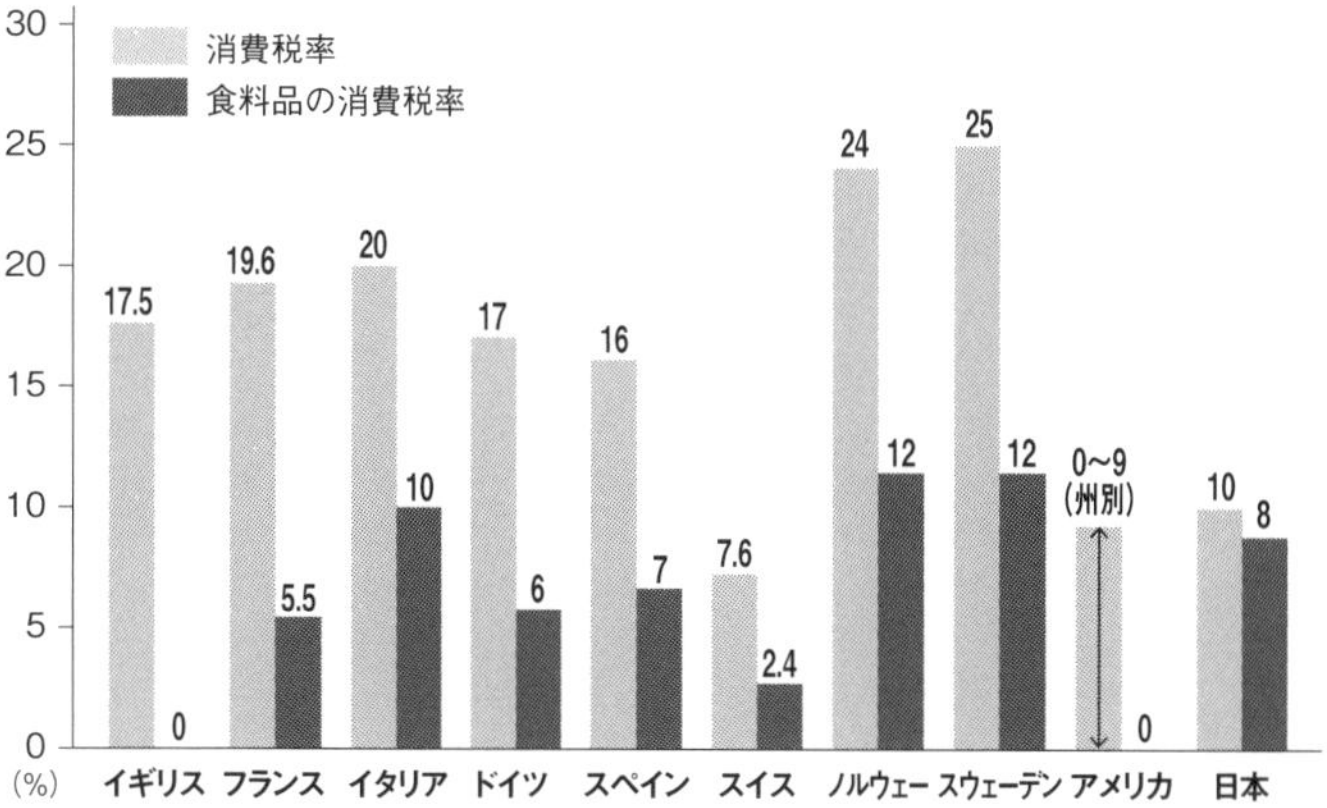

がされています。

それは、こういう**日本の政治のお粗末さ**が数値としてはっきり表れているのです。

ヨーロッパは低所得者の支援が充実している

またヨーロッパの先進国は間接税は高いけれど、低所得者に対する社会保障が充実しています。日本の「社会保障」とは全然レベルが違うのです。

新型コロナ禍の対応において国民への補償が欧米と日本では、まったく違うことが取りざたされました。欧米では厳しいロックダウンをするときに、休業補償などや国民への生活費の支給などの手厚い支援がありました。日本では国民に自粛を求めるばかりで休業補償などはまともにありませんでした。

これは新型コロナ禍に限ったものではありません。

そもそもの社会保障制度において、**日本は先進国に比べるとかなりお粗末**なのです。イギリスでは生活保護を含めた低所得者の支援額はGDPの4%程度です。フランス、ドイツも2%程度あります。自己責任の国とされるアメリカでも4%近くあるのです。それなのに日本では0・4%程度なのです。

当然、低所得者の生活状況はまったく違ってきます。

日本では低所得者の援助というと、「生活保護」くらいしかありません。しかも受給するためのハードルが高く、本当に生活に困っている人でもなかなか受け取れるものではありません。

日本で生活保護基準以下で暮らしている人たちのうち、実際に生活保護を受けている人がどのくらいいるかを調べた「生活保護捕捉率」では、だいたい20%程度とされています。

生活保護というと不正受給ばかりが取りざたされますが、本当は「生活保護の不受給」のほうがはるかに大きな問題なのです。

イギリス、フランス、ドイツ、アメリカなどの先進国では、要保護世帯の70〜80％がなんらかの所得支援を受けています。

さらに欧米の先進国では、生活に困る人が出ないような社会保障システムができあがっています。

失業者のいる家庭には失業扶助制度というものがあり、失業保険が切れた人や、失業保険に加入していなかった人の生活費が補助されます。

この制度はイギリス、フランス、ドイツ、スペイン、スウェーデンなどが採用しています。

たとえばドイツでは、失業手当と生活保護が連動しており、失業手当をもらえる期間は最長18か月です。しかも、もしそれでも職が見つからなければ、社会扶助（生活保護のようなもの）が受けられるようになっています。

また15歳未満の子供を持つ家庭には別途の手当が支給されるし、公共職業安定所では、扶養家族がいる人を優先するなどの配慮がされています。

他の先進諸国でも失業手当の支給が切れてもなお職が得られない者は、失業手当とは切り離した政府からの給付が受けられる制度を持っています。

だから不景気になったり、リストラの嵐が吹き荒れても、国民は路頭に迷うことがないのです。

日本の場合はどうかというと、これが同じ先進国かと思うほど情けない状態なのです。それなりに高い失業保険（雇用保険）を払わされているにもかかわらず、失業保険を受けられる期間は非常に短い。しかも支給期間内に職が見つからなければ、その後は何の保障もないのです。

20年勤務した40代のサラリーマンが会社の倒産で失職した場合、失業保険がもらえる期間というのは、わずか1年足らずです。今の不況で40代の人の職がそう簡単に見つかるものではありません。なのに、たった1年の保障しか受けられないのです。

さらに生活保護受給にはさまざまな面でハードルが高く、事実上、簡単に受けられるものではありません。

また先進国では、失業以外の社会保障も充実しています。

片親の家庭が現金給付、食費補助、住宅給付、健康保険給付、給食給付などを受けられる制度も普通にあるのです。

貧困老人に対するケアも充実しています。

たとえばドイツでは年金額が低い（もしくはもらえない）老人に対しては、社会扶助という形でケアされることになっています。

フランスでも年金がもらえない高齢者には、平均賃金の3割の所得を保障する制度があり、イギリスにも同様の制度があります。

さらに住宅支援も充実しています。

フランスでは全世帯の23％が国から住宅の補助を受けています。その額は1兆8000億円です。

またイギリスでも全世帯の18％が住宅補助を受けています。その額、2兆6000億円です。

日本における住宅支援は公営住宅くらいしかなく、その数も全世帯の4％に過ぎません。支出される国の費用は、わずか2000〜3000億円程度です。先進諸国の1〜2割に過ぎないのです。

す。

日本が自殺大国になった要因

だから日本では失業はそのまま無収入となり、たちまち路頭に迷うことにつながるのです。

そのため日本では**「不景気になると自殺率が激増」**という事態を生んでいるのです。

日本では1990年代の後半から2010年代にかけて、自殺率が激増しました。この時期というのは、バブル崩壊の影響が深刻化し、またITバブルの崩壊やリーマンショックなどが重なり、企業が軒並みリストラを行っていました。

つまりは不景気の影響で路頭に迷う人が増えた結果、自殺者が激増したのです。

この時期の日本の自殺率は、世界的に見ても非常に高いものでした。

WHO（世界保健機関）の2009年の発表では、日本は調査対象国103か国のうち第6位だったのです。世界で6番目に自殺率が高いということは、世界で6番目に生きる希望がない国といえます。

しかも日本より上位の5か国というのは、ロシアをはじめとする旧社会主義国でした。

彼らは体制の崩壊で社会が混乱しているので、自殺が多かったのです。そういう国家体制が崩れて大混乱している国々と同じくらい日本は自殺率が高かったのです。

現在は若干自殺率は落ち着いているものの、先進諸国よりはまだかなり高いのです。

日本は昔からこれほど自殺率が高かったわけではありません。

1995年の時点で人口10万人あたりの自殺は17人程度で、先進国の中では普通の水準でした。フランスなどは日本よりも高かったのです。

しかし90年代後半から日本の自殺率は急上昇し、他の先進国を大きく引き離すことになりました。日本の自殺率を押し上げたのは、中高年男性の自殺の急増です。90年代後半からリストラが激しくなり、中高年男性の失業が急激に増えたのです。日本の自殺の急増は、リストラが大きな要因といえるのです。

一方、他の先進国はどうかというと、90年代の初頭までフランス、ドイツなどは日本よりも自殺率が高かったのです（イギリスは以前からかなり低かった）。が、これらの国で自殺率は漸減しており、**今では日本よりもかなり低い**のです。

ヨーロッパの先進国も、世界的なＩＴバブルの崩壊やリーマンショックを経験しています。当然、たくさんの企業が倒産し、リストラも行われました。むしろ日本よりも経済的に脆弱《ぜいじゃく》な国が多いので、不景気の影響はより大きかったはずです。

しかし日本以外の先進国は、どこも不景気で自殺率が跳《は》ね上がったりはしません。

なぜならば社会保障システムがしっかりしているので、日本のように景気が悪くなったからといって路頭に迷う人が増えるわけではないからです。

「社会保障のため消費税は不可欠」というウソ

そもそも消費税には、その存在意義そのものについて大きな疑問というか、ウソがあります。

消費税が創設されるとき、財務省は「少子高齢化のために社会保障費が増大する。そのため消費税が不可欠」と喧伝してきました。

でも実際消費税は、社会保障費などにほとんど使われていないのです。

では何に使われたのかというと、大企業や高額所得者の減税の穴埋めに使われたのです。

それは消費税導入前と現在の各税目を比較すれば、一目瞭然です。

これは別に私が特別な資料をつかんで発見した事実などではありません。国が公表している、だれもが確認することのできるデータから明確にわかるのです。

消費税が導入されたのは1989年のことです。

その直後に法人税と所得税が下げられました。

また消費税が3％から5％に引き上げられたのは、1997年のことです。そして、その直後にも法人税と所得税はあいついで下げられました。

法人税の減税の対象となったのは主に大企業であり、また所得税の減税の対象となったのも高額所得者でした。

所得税の税収は1991年に26・7兆円以上ありました。

しかし2018年には19兆円になっています。

法人税は1989年には19兆円ありました。

しかし2018年には12兆円になっています。

つまり所得税と法人税の税収は、**この30年の間に14・7兆円も減っている**のです。

一方、現在の消費税の税収は17・6兆円です。

ようするに消費税の税収の大半は、所得税と法人税の減税分の穴埋めで使われているのです。消費税によって新たに使えるようになった財源は、**わずか3兆円**に過ぎないのです。

この現実はすぐに確認できるものです。

このデータを前にしても、財務省や御用学者はまだ「消費税は社会保障費のために必要だった」といえるのでしょうか？

とくと聞いてみたいところです。

「消費税は社会保障費のために必要だった」

というのは確実にウソです。

だから彼らは消費税を創設するときに「法人税と高額所得者の所得税を下げるために消費税が必要だ」と言わなければならないはずだったのです。

しかし、そんな理由では国民が絶対に納得しないから、「消費税は社会保障のために必要」という詭弁《きべん》を用いたのです。

「社会保障費が財政を圧迫している」というウソ

現在の巨額の財政赤字について財務省は、

「高齢化社会を迎え、社会保障関連費が増大したために赤字国債が増えた」などと喧伝してきました。大手新聞社をはじめとするマスコミも、これを大々的に吹聴してきました。が、これも**真っ赤なウソ**です。

それは国の財政データをちゃんと見ていけば、猿でもわかる話です。

日本の財政というのは、1990年代初頭までは非常に安定していたのです。1988年には、なんと財政赤字を減らすことに成功しているのです。財政赤字を減らしたということは、収入（歳入）が支出（歳出）を上回ったということです。

これは「プライマリーバランスの均衡」といわれており、先進国では最近はあまり見られないほどの財政の良好さなのです。この「プライマリーバランスの均衡」はしばらく続き、1990年代の初頭に財政赤字は100兆円を切っていたのです。

が、バブル崩壊以降の90年代中盤から国債残高は急増し、2000年には350兆円、2010年には650兆円、現在は1000兆円を超えています。

このデータは政府が発表しているものなので、だれもが確認することができます。

データを見れば、財政赤字はバブル崩壊以降に急増しているものであり、1991年からの10年間で600兆円も増えていることがわかります。

この90年代に生じた600兆円の財政赤字に利子がついたものが、現在の1000兆円以上の国債残高になっているのです。

ところで赤字国債が急増した1990年代、社会保障関係費は毎年15兆円前後しかなかったのです。当時の税収は50兆円前後だったので、15兆円程度の社会保障費はまったく問題なく賄えていたのです。

だから90年代に積みあがった600兆円の財政赤字が「社会保障関連費のため」であるはずは絶対にないのです。なぜ90年代に財政赤字が増大したのでしょうか?

その答えは**公共事業**です。

1990年代、日本は経済再生のためと称して狂ったように公共事業を行いました。その額、630兆円です。1年あたり63兆円です。このバカ高い公共事業費630兆円がそのまま財政赤字となって今の日本の重石《おもし》となっているのです。

このデータを見てどうやって「財政赤字の原因は社会保障費」などと言えるのでしょうか?

「財政赤字の原因は社会保障費」などとさんざん吹聴してきた財務省の官僚たちに、ぜひこの問いに答えてもらいたいものです。

第5章

ホリエモン税を創設せよ！

1988年の税制に戻せば税収は大幅増になる！

これまで筆者はこの二十数年間、日本では金持ちや大企業の税負担が大きく下げられたことをご説明してきました。それが今の日本の閉そく感や衰退を招いているのだ、と。

今の日本の現状を変え、かつてのような活気ある国にするには、ホリエモンのような高額所得者にきっちり税金を課さなければなりません。

そのためには、どうすればいいのでしょうか？

現在の日本の所得税にはさまざまな抜け穴があるので、まずはそれをきちんとふさぐことが大切です。

そして金持ちや大企業に、少なくとも欧米並みの税負担を求めることです。

具体的に言えば、**1980年代程度の税負担をしてもらう**ことです。

1988年時点の税収は約50兆円でした。

88年はバブルの直前の時期であり、消費税導入の前年です。88年は消費税がまだないのに、50兆円も税収があったのです。

現在と88年を比べれば、GDPは40％以上上昇しています。だから88年の税体系をそのまま持ってくれれば、概算で70兆円の税収が得られるのです。今よりも10兆円も税収が多いのです。つまり88年当時の税体系であれば、消費税がなくても今よりはるかに多くの税収が得られるのです。

88年と今とでは税金のどこが違ったのか、それは簡単に言うと次の4点です。

・大企業の税率が大幅に下げられた。
・高額所得者の税率が大幅に下げられた
・資産家の相続税の税率が大幅に下げられた
・消費税が導入された

これを見れば88年以降、国の税制は大企業、金持ちを優遇し、庶民の税負担を増やしてきたということがいえます。

このデータを見れば、我々が今後の税制をどうしなければならないのかは明確です。もちろん、金持ちや大企業に88年レベルの税負担を求めることです。

これだけの税収があれば、新型コロナ対策費も十分に捻出《ねんしゅつ》できるし、社会保障費だってまかなえるのです。

そして88年というのは、日本経済がもっとも活発な時代でした。

金持ちや大企業がちゃんと税金を払えば、国全体の景気はよくなるということなのです。

なぜ財務省は金持ちの資産に税をかけてこなかったのか?

ただ、すべての抜け穴をふさぐには時間もかかります。また堀江氏のようにこれまで抜け穴を利用して蓄積してきた富は、そのまま残されてしまいます。

その対策として筆者は、富裕層の資産へ直接税金をかけることを提案したいと思います。

ホリエモン税ともいえる「財産税」を創設するのです。

昨今、財務省は「所得」や「消費」ばかりに税金をかけようとしてきました。バブル前後から日本は低所得者の所得や消費に対する税を強化してきたのです。

現在、日本の税収の柱は「法人税」「消費税」「所得税」です。これらの3つの税金は、すべて〝所得〟か〝消費〟にかけられるものです（法人税は会社の所得にかかる税金です）。

しかし本来、税金というものは〝所得〟や〝消費〟だけにかけるものではありません。〝資産〟にかけることもできるのです。そして資産に税金をかけることで、実はもっとも公平でもっとも大きな税収を得られるのです。

所得や消費というのは、国民生活に直結するものです。

所得税（低所得者の）を増税されれば、給料の手取り額が減ります。そうなると、生活は苦しくなり消費も減ります。それがまた不景気を招くことになります。

消費税でも同じです。消費税が上がれば、物価が上がります。同じ給料で物価が上がるなら当然、生活は苦しくなります。物の価格が高くなると、消費額も減っていく。これも景気を冷え込ませてしまいます。

しかし資産に税金をかければ、そういう国民生活への負担は最小限に抑えられるのです。資産とは、所得から消費を差し引いたものです。当座、必要なものではない、いわば予備のお金です。

それに課税するのです。消費にはまったく影響しないし、国民生活が苦しくなるわけでもありません。富裕層の富に直接アクセスできるのです。

資産に税金をかけるのは別に珍しいことではありません。

というより現在、日本の資産への課税は非常に少ないのです。資産税の種類の中には相続税がありますが、これもほとんど機能しておらず、相続税以外の資産課税もほとんど機能していないのです。固定資産税にも超割引制度があり、資産家にはきっちり課税されていないのです。

今の日本経済は所得や消費が減り、資産が異常に膨らんでいます。先進国と比較しても、所得や消費は高くないのに資産だけが大きいのです。

それは低所得者の所得や消費にばかり重い税金をかけ、金持ちの資産に税金をかけてこなかったからでもあります。

なぜ資産に税金をかけることはできなかったのでしょうか？

それは、**金持ちが抵抗してきた**からです。

資産に税金をかけるということは、金持ちに税金をかけるのとほぼ同義語です。資産に税金をかけようとすれば、金持ちがうるさいのです。あの手この手で政治家に圧力をかけて妨害します。そのため資産に対する課税は、これまでほとんど行われてこなかったのです。

だから財産税（以下、富裕税）を創設して、しこたま貯め込んだ金持ちの資産を社会に還元させせなければならないのです。

アメリカでも導入が検討されている富裕税とは？

このための具体的な内容を論じていきましょう。

資産に対する課税の中で現在の日本でもっとも有効と思われるのは、**富裕税**です。

富裕税とは、余剰資産にかけられる税金です。フランスなど先進国の一部で導入されているもので、金持ちに対して直接、課税できる税金です。アメリカでも昨今、検討されているといわれています。

たとえば「1億円以上の資産を持っている人に1%の税金をかけましょう」という仕組みです。その資産を持っていない人には、税金は一切かからないのです。

富裕税は資産にかかる税金なので、一般の生活に直結するものではありません。また富裕税の税率は低くていいので金持ちにとっても、負担感はそれほど大きくはありません。わずか資産の1%、最大限に増税したとしてもせいぜい2%程度です。数十億円持っている人が、その1～2%を税金で払っても生活の大勢に影響はないのです。

しかも富裕税というのは、わずかな税率で莫大な税収を生むものです。

日本には個人金融資産が1900兆円あります。また国民純資産（国富）は4000兆円近くあるとされています。国民総資産というのは、国民の総資産から総負債を差し引いたものです。その多くを資産1億円以上の富裕層が握っていると見られています。

これに1％の富裕税を課せば、概算でも**40兆円の税収**となります。

資産の少ない人を課税免除するとして、その減収分を差し引いても20～30兆円はゆうに生み出せるのです。10％の消費税でも税収は20兆円しかありません（2019年）。それが、**たった1％の富裕税で消費税10％以上の税収が稼げる**のです。

今の日本の財政問題の大半はこれで片が付くし、中間層以下の人たちに大幅な減税もできるでしょう。さらに消費税を凍結もしくは5％以下にすれば、消費も上向くはずです。

つまり金持ちが所有する資産に、たった1％の課税をするだけで、日本の懸案事項はほとんど解決するのです。

富裕税に関しては、日本でも戦後の一時期に導入されたこともありました（1950～1952年）。その後も何度か復活が議論されたことがありましたが、金持ちの反発が強く、現在は完全に忘れられた存在になっています。

しかし現在の危急の際だから、是が非でもこの富裕税を成立させるべきです。金持ちが文句を言ってくれれば、庶民の多数決で締め上げればいいのです。

富裕税は相続税より負担感は小さい

しかも富裕税というのは、**金持ちにとっても実は有利な税金**なのです。富裕税の創設とともに相続税を廃止すれば、金持ちの実質的な負担感は減るのです。

相続税と富裕税を比べれば、相続税のほうが負担は大きいのです。

現在の相続税は最高税率が55％です。

相続というのは、どの家族でもだいたい30年に一度発生するので、資産家は30年に一度、財産の55％を取られることになります。

しかし富裕税の場合は、毎年1％しかかからないので、30年間毎年同額を払ったとしても30％にしかなりません。富裕税のほうが25ポイントも割安なのです。

また富裕税は、相続税に比べて「実質的な負担感」も非常に小さいのです。相続税は一度にごっそり取られますが、富裕税は毎年少しずつしか取られないからです。

富裕税は言ってみれば**「相続税の分割払い」**ということなのです。

「相続税の分割払い」といっても税収は相続税の何倍にもなります。

相続税はあまりにも一度に多く取り過ぎるので、その配慮としてさまざまな抜け穴が用意されています。

たとえば資産を外国に移し、一定期間外国に住んでいる者がその資産をもらった場合、日本の税金は課せられません。

また富裕層は高い相続税を嫌い、タックスヘイブンなどを使って資産の隠蔽《いんぺい》を図っています。

だから相続税は税率が高い割には、あまり税収には結び付いていないのです。

しかし富裕税は富裕層全体に広く浅く課せられる税金なので、税率が低くても莫大な税収になるのです。

富裕税には、いざというときの還付権を付与する

さらに富裕税の納税者に対しては、納税することによる特典を与えておけばいいいのです。具体的には、もし納税後に破産したり、収入の多くを失う事態が起きたりしたら、、

納税した額を還付する制度を用意しておくのです。その還付金には、若干の利子をつけてもいいくらいです。

たとえば10億円の資産を持つ人がいたとします。この人は毎年1000万円ずつ10年間にわたって合計1億円の富裕税を納めてきました。

10年後のある日、事業が失敗して破産してしまいました。この場合、国は1億円に利子をつけてこの人に還付するわけです。

そうすれば、金持ちにとって**「富裕税を納めることは将来の保障を得る」**保険のようなものになるはずです。

「そんな制度をつくれば、結果的に還付が続出し、税収は増えないのではないか？」

と心配する人もいるでしょう。

しかし、そんな心配は不要です。

というのも金持ちが破産する可能性は、非常に低いのです。金持ちが破産するケースよりも、**新たな金持ちが生まれるケースのほうがはるかに多い**ので、税収が減る心配はまったくないのです。

このように金持ちにとってもメリットが多々ある富裕税ですが、金持ちというのは非常にケチなので、いろいろと難癖をつけて反対することも考えられます。

その場合は「所得税や相続税をバブル期レベルに戻す」と脅せばいいのです。そうしておいて富裕税創設を呼び掛ければ、金持ちは快く了承するはずです。バブル期に戻せば、所得税は80％、相続税は75％になります。

それに比べれば、**富裕税の1％など無きに等しい**のです。

それでももし反対するなら、本当に相続税をバブル期レベルに戻せばいいのです。

富裕税を創設しても金持ちが海外に逃げる可能性はほとんどない

「資産に税金をかけたりすれば、金持ちが海外に逃げる」

「日本の資産が海外に流出してしまう」

富裕税を創設しようとすると、必ずこう言って反論する輩が出てくるはずです。

しかし、これはまったくの**デタラメ**です。

というのも、前述したように富裕税を課すとしても、わずか1％程度です。

1％程度の税金を逃れるために、海外に資産を移すことなどありえません。海外に資産を移すだけで、資産の数％～数十％は目減りするはずです。

また海外で資産を管理すれば、毎年数％以上の手数料がかかるはずです。だから現実的にありえないのです。

フランスなどは、富裕税を逃れるために海外に流出する金持ちがいました。しかし、この例をもって**「富裕税は資産の海外流出を招く」というのは誤り**です。

フランスでは、富裕税とともに相続税もかかっていました。フランスの金持ちはダブルパンチで税金がかかるようになっていたのです。

日本では相続税の代替として富裕税を創設すれば、この弊害は防げます。相続税よりも富裕税のほうが実質的な負担感は低いのだから、相続税で逃げ出さなかった金持ちが富裕税で逃げ出すはずはないのです。

またフランスなどの大陸の国は、同じ言語や文化を持つ地域が国外にたくさんあります。だから海外に逃げ出しても、それなりにやっていけるのです。

しかし日本の場合は、同じ言語、文化を持つ地域というのが国外にはほとんどありません。〝リトル東京〟のような日系人居住地域が若干ある程度です。だから日本人の場合、税金が高いから国外へ逃げることはないのです。わずか1％の富裕税を逃れるために、海外で暮らそうという人は、まずいないはずです。

富裕税は徴税コストも非常に低い

また富裕税は徴税コストも非常に低くて済みます。

「富裕税は資産の把握などが難しく徴税コストがかかる」

などと言う専門家もいますが、それは**税務の現場を知らない者のタワゴト**です。

下級官僚として徴税現場もつぶさに見てきた筆者としては**「富裕税の徴収は非常に楽だ」**と断言できます。

富裕税は資産にかける税金なので、一度しっかりとした課税調査をすれば、その後は資産の増減だけを把握すればいいのです。資産というのは、毎年それほど急激に変化するものではないからです。

しかも課税対象は億万長者に限られているのです。全国で多くても200〜300万人しかいないのだから、管理も非常にしやすいのです。5000万人以上いる所得税納税者と比べれば、はるかに楽です。

また納税者背番号制度などが整備されれば、納税管理はさらにやりやすいはずです。法人税や消費税の**半分以下の徴税コスト**で可能でしょう。

ちなみに納税者背番号制度というのは、国民の財産や納税に関するデータを一人一人ファイリングする制度です。アメリカなど先進国の多くで取り入れられ、途上国でも昨今取り入れる国が多いです。日本でもかなり前から導入が検討されていますが、人権活動家などの反対でなかなか実現していません。

元官僚として言いますが、納税者背番号制度を導入して庶民が損をすることはまったくありません。困るのは資産家や高額所得者なのです。

また人権活動家が心配するプライバシーが脅かされるようなことはありえません。もし国家が本気で特定の国民のプライベートをのぞこうと思えば、現在でも簡単に可能です。わざわざ納税者背番号制度など使わなくてもいいのです。だから、そういう心配をして納税者背番号制度の導入に反対するのは筋違いといえます。

所得税の欠陥を富裕税で補う

筆者はこれまで金持ちから税金を取ることの重要さを繰り返し述べてきました。

金持ちから税金を取るのはいいとして、なぜ富裕税なのか？　ということにピンときていない人も多いでしょう。

なので、なぜ筆者が富裕税を推奨しているのかを若干説明しましょう。

筆者の趣意は金持ちから税金を取ることなので、別に富裕税にこだわっているわけではありません。ただ元税務官僚の経験から言うと、もっとも無理なく、効果的に徴収できる税金が富裕税だといえるのです。

金持ちから税金を取る方法は、富裕税じゃないものもたくさんあります。

たとえば**「所得税の累進性を高める」**という方法です。

累進性とは、所得が多くなるにしたがって税率が高くなるという仕組みです。前述したようにバブル前までは所得税（住民税を含む）の累進性は最高で88％もありましたが、現在は50％です。

だから、「これをバブル前のレベルに戻す」のは金持ちから税金を取る有効な手段だといえます。

ただ所得税には欠点もあります。

収入を得る方法はサラリーマン、自営業者、地主などさまざまな形態があり、その実態がなかなかつかみにくいのです。

税金の世界には「とーごーさんぴん（十五三一）」という隠語があります。

これは、税務当局がどれだけ国民の収入の正確な把握ができているかを表すものです。サラリーマンの収入は10割を把握していますが、自営業者の収入は5割、農家の収入は3割、政治家にいたっては1割しか把握できないという意味です。

だから所得税の税率を上げても、税金から逃れられる人も多いわけです。

また所得によっては、税金のかかるものとかからないものがあります。たとえば離婚して慰謝料をもらった場合は、それが何十億、何百億であってもまったく税金はかかりません。そういう抜け道がけっこうあるのです。

つまり**「本当はたくさん儲かっているのに、税金は少なくて済む」**場合がけっこうあるのです。

しかし富裕税の場合は、資産さえ把握すれば税額は自動的に決まります。政治家が裏で取得した資産であろうと、離婚して得た慰謝料であろうと、詐欺で稼いだものであろうと、「資産」さえあるならば課税ができるのです。

税務当局は、「収入の経路」をなかなかすべて把握できませんが、資産ならば容易に把握できます。なぜなら、持っているものを調べればいいだけだからです。

このように富裕税は**〝真実の金持ち〞に課すことができる税金**なのです。

そして税収が概算でも20兆円～30兆円とケタ外れに大きいのです。

つまり富裕税は、税務署がもっとも効率よく金持ちから徴収できる税金なのです。

大地主からもキッチリ税金を取れる

今の日本の税制には、「地主からキッチリ税金を取れていない」という問題もあります。

あまり知られていませんが、土地に対する税金「固定資産税」も、実は金持ちに非常に有利になっているのです。

固定資産税には、狭い住宅地（200㎡以下）には大幅な割引特例制度があります。この割引特例制度がなぜか巨大なマンションを何棟も持っている大地主にも適用されているのです。

なので、猫の額ほどの住宅を持っている人と大地主が同じ税率になっているのです。

なぜ、そのようなことになっているのでしょうか？

その経緯は次のとおりです。

固定資産税というのは土地や建物の評価額に対して、1・4％かかることになっています。そして住宅用の狭い土地（200㎡以下）に関しては、固定資産税は6分の1でいいという規定があります。これは住宅地の税金が高くなってしまうと、庶民の生活費を圧迫するからです。ですので、この規定は妥当なものだといえます。

しかし、この規定が巨大マンションを棟ごと持っている人などにも適用されているのです。

なぜかというと、「6分の1の規定」は一戸あたりの住宅面積が200㎡以下であれば適用されることになっており、巨大マンションでも一戸あたりに分ければ面積は200㎡以下になるからです。

ようするに、この「6分の1の規定」は持ち家だけではなく、貸家、貸マンション、貸アパートにも適用されているのです。

だから時価総額100億円を超えるマンションを持っている人も、狭い中古住宅を購入した人も、土地の固定資産税は同じ税率になっているのです。

なぜ貸マンションなどにも「6分の1の規定」が適用されているのかというと、表向きは「貸家の固定資産税が高くなると、家賃に上乗せされるから」となっています。借家人を保護するような文脈です。

しかし、実際は**地主を優遇しているだけ**なのです。

固定資産税が高くなっても、それが家賃にすぐさま反映されるわけではありません。ものの値段というのは経費の高低ではなく、市場価値で決まるのです。それは経済学の常識です。だから貸家の固定資産税が高くても、市場価値が低ければ家賃は下がるのです（逆もまたしかり）。

また貸家の固定資産税が高く、マイホームの固定資産税が安いとなれば、人々は貸家を脱してマイホームを買おうとします。となれば、ますます貸家の価値は下がり、家賃は下がるはずなのです。

実際、終戦直後には、地主に対して高額の税金が課せられ、「貸すより売るほうが得」

という事態になったため、多くの住宅地が安く売りに出され、マイホームを手にした人が激増したのです。

なので、**大地主からはしっかり税金を取っていい**のです。

今の固定資産税では、大地主の税金があまりにも少ないのです。

富裕税は、それを補完する役割も担えるのです。

富裕税を創設すれば、大地主に対してその資産に応じて税金を課すことができます。しかも猫の額住宅の人に富裕税は課せられないので、貧富の差の緩和にも役立つのです。

中抜き問題

金持ちから税金を取るにあたって、もう1つ大きな問題があります。

それは**「税金の無駄遣い問題」**です。

金持ちがあらゆる手を使って税金を払おうとしないのは、金持ち側に一番の問題があるのは当然として、この税金無駄遣い問題も1つの理由としてあります。費用対効果にうるさい金持ちたちは、「国に税金を払っても仕方がない」という考えを持っているのです。

これは金持ちじゃなくても、国民のだれしもにとって税金を払う上では解決してもらわなくてならない問題です。

この問題は、もうずっと以前から懸念されてきたものであり、多かれ少なかれどこの国も抱えている問題です。

が、日本の場合、本当にヤバい、本当に末期症状のような状態なのです。

昨今の新型コロナ対策において、**「中抜き問題」**が大きくクローズアップされました。

たとえば新型コロナにより経営が悪化した中小企業に、悪化状況に応じて現金を給付するという「持続化給付金」です。

持続化給付金では、「サービスデザイン推進協議会」というほとんど実体のない団体に769億円という巨額な費用で事務委託されていました。その委託費は20億円抜かれた後、さらに電通などに再委託されていました。

しかも「サービスデザイン推進協議会」が受注した国の事業は今回が初めてではなく、2016年の発足から2020年までのわずか5年間で、経済産業省の事業を1546億円も受注していたのです。

サービスデザイン推進協議会は、電通、パソナ、トランスコスモスなどによってつくられた団体です。パソナという会社は人材派遣業であり、あの竹中平蔵氏を会長に迎え、官僚の再就職業務（つまりは天下りのあっせん業務）なども行っていた**「天下りの総本山」**のような会社です。

また安倍元首相が日本全国の家庭に1人あたり2枚のマスクを配布した、いわゆるアベノマスクでも同様の問題が指摘されました。

政府は、アベノマスクの納入業者興和、伊藤忠、マツオカの3社の社名をすぐに公表しましたが、残りの2社についてはなかなか公表しませんでした。このことは国会でも問題視され、世間でも叩かれるようになり、2020年4月27日になってようやく、当時の菅義偉官房長官が残りの2社を公表しました。

残りの2社は横井定、ユースビオという企業名でした。

横井定株式会社は「日本マスク」というブランドを持つ老舗のマスクメーカーですが、もう1つのユースビオという企業はまったく無名でした。

このアベノマスクの調達は通常の「入札」によるものではなく、政府が勝手に指名する随意契約でした。随意契約というのは政府が勝手に決めるものですから、より公正な選択が必要とされます。だいたい実績のある大手企業が選ばれます。今回は緊急のため、随意契約となったのです。

特に今回のような緊急性の高いものについては、失敗のないように実績が非常に重視されるはずです。

しかし、このユースビオという企業はホームページもない、電話帳にも載っていないような超無名の企業だったのです。

週刊東洋経済が2020年4月30日に配信した「福島の無名会社『アベノマスク4億円受注』の謎」(岩澤倫彦記者)という記事によると、「社屋は平屋のプレハブのような簡素な建物」で「海外から燃料用の木質ペレットを輸入する事業を行っており、マスクの輸入販売にはまったく実績がない」とのことです。また会社の代表者は、脱税で起訴され執行猶予中の身だったそうです。

新型コロナのパンデミックという歴史的な災厄においてさえ、これほど明確に利権が絡むのです。ほかの予算がさらにひどいことになっているのは言うまでもありません。

元官僚として、筆者はこういうのを嫌というほど見てきました。

こんなひどい状態なのに、**日本はよく国として成り立っているな**と思うほどです。

公共事業大国なのに公共インフラはボロボロ

日本の税金無駄遣いのひどさについて、いくつか例を挙げたいと思います。

90年代から2000年代にかけて日本は、国と地方合わせて総額650兆円にも上る公共投資を行いました。バブル崩壊から現在までの間に、日本は1000兆円近くの金を公共事業につぎ込んでいるのです。こんな巨額の公共事業を行った国は他にはありません。

日本は巨額の公共事業を行ってきたにもかかわらず、途上国並みのインフラなのです。というより、途上国以下の部分も多々あるのです。

次ページの表はWHOが発表した2011年から2015年までの人口あたりの自然災害の死者数のランキングです。残念なことに日本は**世界のワースト2位**となっているのです。

ソロモン、ミクロネシアなどの小島国家やカンボジア、南スーダンなど、インフラ整備が明らかに遅れている国などよりも日本は自然災害の死亡率が高いのです。

たとえば2018年の災害死者数ランキングで日本は444人で、インドネシア、イン

自然災害による死者数・世界ランキング

順位	国名	自然災害による平均死亡率（10万人口当たりの人数）〔2011年～2015年〕
1	ネパール	7.2
2	日本	3.4
3	フィリピン	2.5
4	サモア	2.4
5	セントビンセント・グレナディーン	2.2
6	ソロモン諸島	2.0
7	ミクロネシア	1.3
8	ナミビア	0.9
8	ニュージーランド	0.9
8	バヌアツ	0.9
11	アフガニスタン	0.8
12	カンボジア	0.7
12	セントルシア	0.7
14	ボリビア	0.5
15	フィジー	0.4
15	ハイチ	0.4
15	パキスタン	0.4
15	ソマリア	0.4
15	スリランカ	0.4
20	南スーダン	0.3
20	タイ	0.3

WHO世界保健統計2016より

ド、グアテマラに次いで4位となっています。日本はこの20年ほど東日本大震災の犠牲者を除いても、年平均で１５０人以上の犠牲者を出しています。人口比の犠牲者数は常に世界のワースト10に入っているのです。

世界の中にはインフラが整っていなかったり、環境の悪いスラム街に人口が密集していたり、日本よりももっと自然が過酷だったりする国は多々あります。いくら日本では災害が多いといっても、そういう国々よりも犠牲者が多いのは、やはり「おかしい」と思わざ

先進各国の主要河川等の整備率

日本（荒川）	アメリカ（ミシシッピ川）	イギリス（テームズ川）	オランダ（沿岸部）
40%	94%	100%	100%

※堤防の必要がある区間のうち堤防が完成している割合　　国土交通省サイトより

るをえないはずです。

なぜこんなことになっているのかというと、日本の巨額の公共事業費は必要なところに使われず、特定の業界、特定の地域だけに繰り返し使われているからです。有力な政治家のいる地域や有力な族議員を持つ業界などは、潤沢な公共事業費で潤っていますが、本当に公共事業が必要な場所には行き渡っていないのです。

たとえば、堤防整備です。

上の表は、先進国の主要河川の堤防整備状況であり、国土交通省のサイトで公表されている資料です。

日本の荒川というと、埼玉、長野、山梨から関東平野のど真ん中を貫き、東京23区内を経て東京湾にそそがれる「首都圏の中心を流れる大河川」です。この荒川の堤防工事が40％しかできていないのです。

何十年もの間、世界最大の公共事業費を費消しておきながら、大都市を貫く大河川の堤防工事さえ完成させていないのです。

公共事業の忖度により深刻な豪雨被害が

日本の自然災害被害が国家の怠慢によるものだという、わかりやすい証拠をもう1つ示したいと思います。

2014年8月、広島県では集中豪雨に見舞われ直接の犠牲者74人、関連死3人の計77人もの犠牲者を出しました。犠牲者のほとんどは土石流やがけ崩れなどの土砂災害によるものでした。

しかし、この後、広島県の公共事業費予算が増加したかというとまったく逆なのです。

次ページの表を見てください。

これは、国の公共事業の山口県と広島県への配分の推移です。

広島県では、なんと豪雨災害の起きた2014年以降、予算が大幅に削られているのです。第二次安倍政権が発足した2013年度は約906億円だったのが、豪雨災害のあった2014年度には約711億円、その翌年には約557億円に減額されているのです。

広島県の公共事業費が削減された明確な理由はなく、その一方で隣県の山口県の予算は

国の広島県、山口県への公共事業支出費用
（国土交通省の統計より抜粋）

単位・百万円

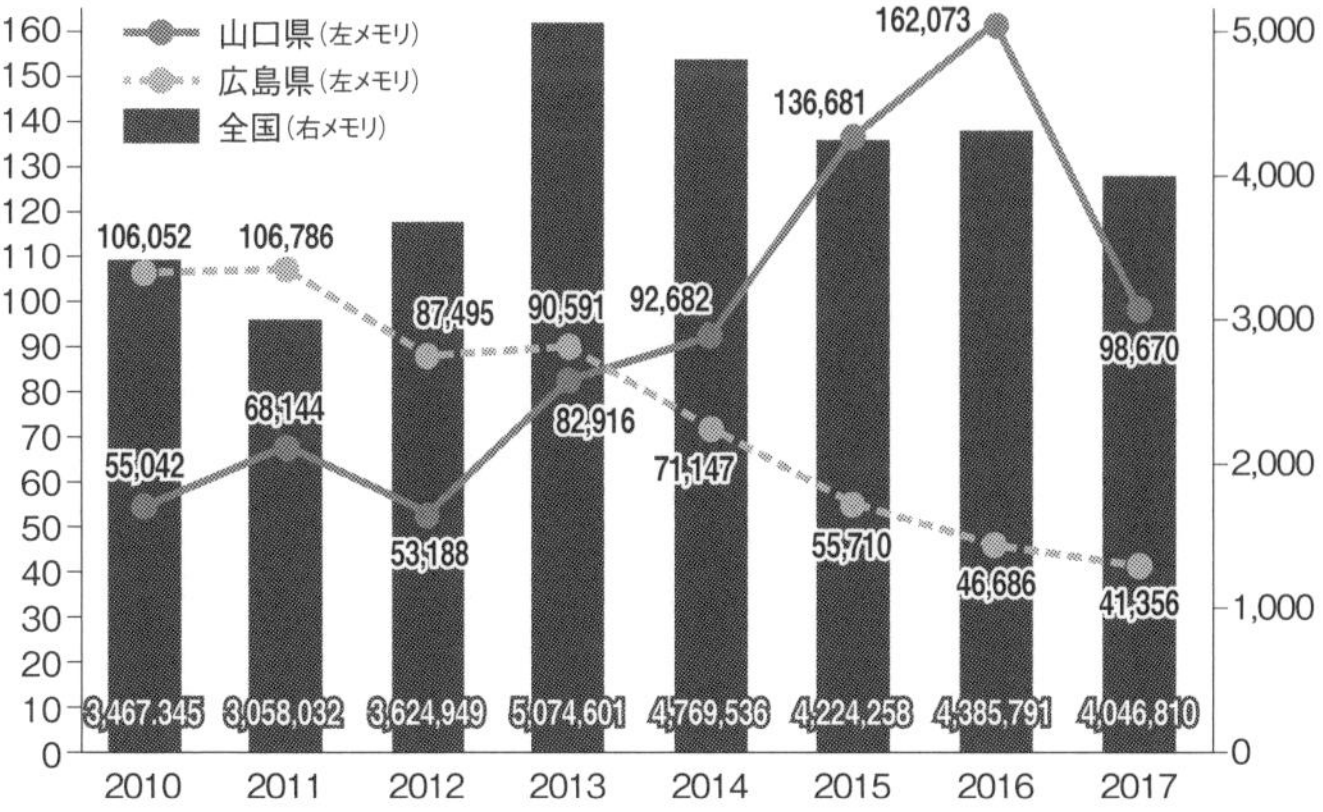

激増しています。広島県の人口は約２８２万人です。一方、山口県はその半分以下の約１３７万人です。が、人口が半分以下の山口県のほうが広島県よりも公共事業費の総額で上回っています。

県民１人あたりにすると山口県は広島県の２倍以上となっており、２０１６年にはなんと７倍以上になっているのです。

なぜ山口県の公共事業予算が激増しているのかというと、答えは簡単です。山口県を地盤に持つ安倍晋三氏が首相になっていたからです。

安倍首相が首相に再就任したのは２０１２年の12月、予算編成には２０１３年分から携わっています。つまり安倍首相が首相に再就任した途端に、山口県の国からの公共事業費が激増しているのです。これほどわかりやすい**「忖度《そんたく》」**はありません。

都道府県民1人あたりの公共事業費は全国平均を大きく引き離し、2015年と16年には、なんと全国平均の3倍にも達しています。17年は、このときすでに森友問題が発覚していましたが、それでも全国平均の2倍以上の公共事業費だったのです。

2011年には、山口県では県民1人あたりの公共事業受注額が全国平均の2倍になっています。この年は山口県で国体が開催されたからです。

国体というのは、ご存じのように毎年、各都道府県が持ち回りとなっています。国体が開催される県は国からそれなりの公共事業費が投じられるため、インフラ整備としての役割があります。47年に1回、国体が開催されることで、各都道府県はインフラを大きく整備できることになっているのです。

山口県の場合は安倍首相が就任して以来、「国体が開催される」以上のインフラ整備が毎年、行われているということです。

そのワリをくうようにして、広島県の公共事業予算は大幅に削減されたのです。

統計調査で明確に出るものでさえ、こういう**「明らかな忖度」**がまかり通っているので

都道府県民1人あたりの国の公共事業費
(国土交通省の統計より著者が算出)

単位・円

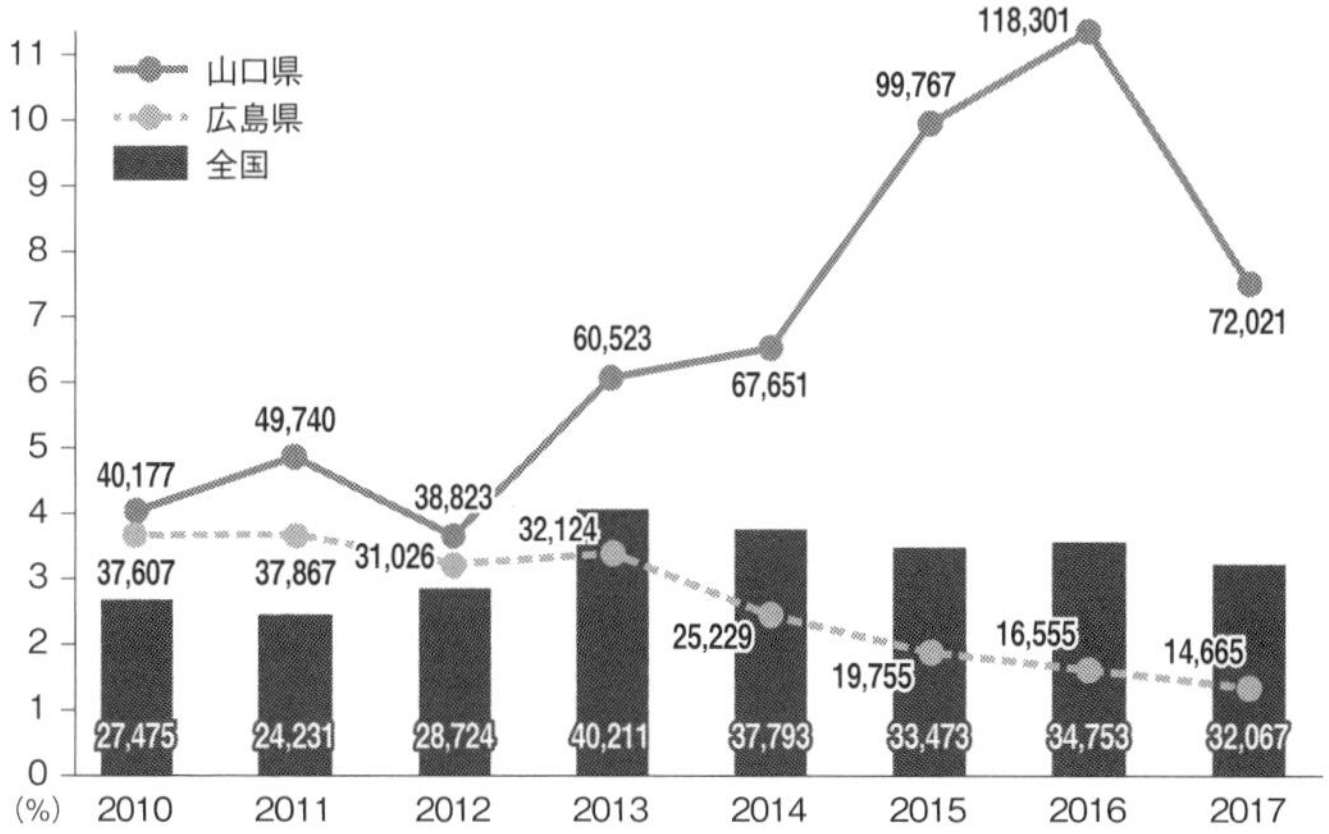

す。統計調査に出てこない部分では、これよりはるかに大きな「忖度」がされていると思われます。

　そしてこの政治家の都合で決められる公共事業は、国民に大きな災いをもたらすことになります。２０１４年の広島県の豪雨災害から４年後の２０１８年、広島を中心とした西日本地域の豪雨災害が起きるのです。

　この２０１８年の豪雨災害は、４年前の被害よりもさらに大きかったのです。犠牲者は２６３人にも達し、平成で最悪の豪雨災害となりました。なかでも広島県の被害がもっとも大きく、１４４人の死者、行方不明者を出しました。

　もし２０１４年の豪雨被害があった後、こ

の地域の土砂災害の危険性などについて徹底的に調査し、防災工事が行われていれば、4年後の被害は大きく削減できたはずです。というより、これは行政としては普通に行わなければならなかったことなのです。

2018年の広島県の豪雨被害は、**完全に人災**だと言えるのです。

日本の下水道普及率は途上国以下

日本の公共事業の不審な点は、まだまだ腐るほどあります。

たとえば下水道です。現代人にとって、生活排水は下水道によって処理されるものとなっています。それは日本だけじゃなく世界中でその傾向になっています。

が、日本の地方では下水が通じていないところがけっこうあるのです。

現在、日本全体の下水道の普及率は80・1%です（令和2年度末）。ヨーロッパの普及率とほぼ同じ程度です。だから、これだけを見ると、日本の下水道普及に問題があるようには見えません。しかし、この**日本の下水道普及率にはカラクリがある**のです。

日本の場合、人口の4分の1が首都圏に住むという極端な人口集中があります。そのため必然的に下水道普及率が上がっています。首都圏は比較的、下水道が整備されているので、地方から首都圏に人口が流入すれば、何もしなくても下水道の普及率（人口比）は上がるのです。

しかし日本の場合、地方では下水道の普及率が先進国の割に非常に低いのです。50％を切っているところも珍しくないのです。

前述したように日本は1990年代から2000年代にかけて、年間60兆円以上という狂乱の大公共事業を行いました。しかし、この大公共事業では、道路や箱モノばかりがつくられ、下水道の普及はそれほど進まなかったのです。

たとえば島根県は50・6％です。

島根県は、90年代の公共事業大濫発時代に竹下元首相などのおひざ元として、全国でも有数の公共事業受注地域でしたが、このとき下水道の普及工事はほとんど行っていないのです。

下水道の普及率で、特にひどいのは四国です。4県のうち3県が50％を切っています。坂本龍馬の出身地として有名な高知県は40・8％で、香川県は46・1％です。

徳島県に至っては18・6％です。なんと県民のほとんどは、下水道のない生活を送っているのです。この数値はアフリカ並みです。広大な砂漠、ジャングルを持つアフリカ大陸と徳島県は下水道の普及率に関する限り、ほぼ同じなのです。

他にも鹿児島県、和歌山県などが50％を切っています。

このような地方のインフラ整備の遅れが、一極集中を招いたともいえます。もちろん下水道だけじゃなく、さまざまなインフラを含めての話です。このため地方の人は、インフラの整っていない地元を捨て、都会に出てくるのです。

それで**地方はどんどんさびれていく**のです。

・下水道の普及率が低い県

徳島県	18・6％
和歌山県	28・5％
高知県	40・8％
鹿児島県	42・9％
香川県	46・1％
島根県	50・6％

・世界の下水普及率（下水接続割合）

北アメリカ 約82％
南アメリカ 約57％
ヨーロッパ 約76％
東南アジア 約48％
アフリカ 約17％

日本には予算をまともに監査する機関がない

日本の財政がこういう状況では、金持ちでなくても税金を払う気にならないはずです。

日本では、予算のチェックをする機関が無きに等しいともいえます。

国会では予算の審議がまともに行われることはほとんどありません。国会議員のほとんどは会計の素人であり、でたらめな予算策定をされてもそれを見抜くことができません。

また予算の使い方をチェックする「会計検査院」も、完全に機能不全です。

そもそも会計検査院の存在自体が巨大な税金の無駄といっていいほどです。会計検査院の職員は普通の国家公務員であり、政治家や上級公務員よりも下の立場にあります。そんな彼らが、まともに予算の使途チェックなどを行えるはずがないのです。

また会計検査院の職員は、公務員オブ公務員でもあります。

少し前に会計検査院の職員が検査時、林野庁の職員に裏で高級牛肉などを請求した事件がありました。そのときは、とんでもない不良役人ということで本人のみが非難されていましたが、元役人の目から見れば、あれは一部の人間の個人的な問題ではありません。会計検査院自体にそういう風潮があるのです。

筆者が税務署に勤めていたとき、会計検査院の検査に立ち会ったことがあります。彼らの検査は信じられないくらい悠長で暢気《のんき》で**いい加減**でした。

会議室をあてがわれ、税務署が用意した書類に目を通すだけです。昼食は税務署が用意した特上の出前を食し、調査期間1週間のうち、少なくとも1日以上は管内視察と称して、税務署の公用車を使用して物見遊山に出かけていました。

税務署側は会計検査院の立場を配慮して、軽微な間違いを用意しておくので実績だけは一応残ります。それが、会計検査院が毎年発表する「税金の無駄遣い白書」なのです。

ここで発表される税金無駄遣いの額は、会計検査院の人件費より少し多い程度です。つまり、「自分たちは人件費以上の仕事をしてます」というつじつまあわせなのです。元役人の目から見れば、税金無駄遣いの額は、ケタが2、3個違うはずです。

実際、会計検査院よりマスコミや市民オンブズマンのほうがよほど多くの税金無駄遣いを見つけてきます。

会計検査院というのは、強い権限を与えられています。役所には守秘義務というのがあるので、マスコミや市民オンブズマンには見せられないものがたくさんありますが、会計検査院は役所の書類すべてを見ることができます。

そんな強力な権利を与えられていながら、マスコミや市民オンブズマンのほうがはるかに税金の無駄遣いを見つけてくるのです。

省庁の多くは、会計検査院のことなど怖がっていません。彼らが本当に痛いところをつくはずがないからです。市民オンブズマンやマスコミの目は怖がりますが、会計検査院など眼中にないといっていいほどです。

独立した予算の検査機関を

筆者は金持ちに気持ちよく税金を払わせるためにも、官庁や国会から完全に独立した税金の使途を監査する機関をつくるべきだと思います。

今の日本の税金の使い道というのは、複雑に絡み合ってわけがわからなくなっています。政治家や各省庁は、自分の利益を守ることに汲々《きゅうきゅう》としています。地方自治体は少しでも中央から税を引き出そうと、さまざまな方法で補助金を引き出しています。

政府の中枢にいる者でも、税金の全貌を正確に知っているものは、だれもいないのではないかと思われます。

この状態を解消するには、完全に独立した調査機関をつくって、会計検査をするしかないのではないかと思われます。かつての民主党が行った**「事業仕分け」**のような付け焼刃のものではなく、各界の専門家を招いた**恒常的な機関をつくる**のです。

高額納税者や財界、民間企業の経営のプロ、会計士、市民オンブズマンなども参加してもらうのです。そして調査結果は広く国民に公表され、国民はそれを再度チェックできるようにするのです。

また、この機関は税金の無駄遣いをチェックするだけではなく、国民に必要な社会保障、福祉支援がきっちり行き届いているかどうかも調査させます。税金の無駄だけじゃなく、国民に必要な手当てが行われているかもチェックさせるのです。

国民は福祉や社会保障に不満があれば、この機関に通告する制度などもつくるのです。財界や高額納税者の人たちに税金の無駄をチェックさせるとともに、国民生活についても責任を持たせるということです。

今までも何度かこの手の調査委員会はつくられましたが、キャリア官僚の抵抗により骨抜きにされてきました。

たとえば1980年代には、エンジニア出身で財界の重鎮だった土光敏夫氏を会長に据えた「第二次臨時行政調査会」がつくられました。「第二次臨時行政調査会」は日本の財政状況、行政システムなどをあらゆる角度から精査し、「増税なき財政再建」を可能にする抜本的な改革案を示しました。しかしその提言は、重要な部分が骨抜きにされてしまったのです。

今回はそういうことのないように、官僚に揺さぶられても動じないほどの権限を与えるべきでしょう。調査委員にはそれなりの報酬を与え、その代わり「一片の不正も認めない」ようにするのです。どんな形でも官庁や企業などからの接待、金品の授受などがあれば、厳重な刑事罰を科すのです。

日本は、今、大きな岐路に立っています。

高度成長やバブルのような急激な経済成長は、もはやアテにできません。経済成長はそれほど伸びない中で、しかも超高齢化社会を迎えるのです。日本全体をそのモードに切り替える必要があります。

「有力な政治家が地元に巨額の公共事業を誘致する」

そういう時代遅れのことをやっている場合ではないのです。

そのためにも**日本の収支を洗いざらいチェックする機関をつくるべき**なのです。それをしない限り、国民も金持ちも納得しないでしょう。

あとがき　億万長者が世界を救う？

筆者はこれまで、

「日本の金持ちはせめて欧米並みに税金を払うべき」

と述べてきました。

が、欧米の金持ちも決して十分に税金を払っているわけではありません。というより、現代の世界はかつてないほどの貧富の格差が生じており、国際的な問題となっているのです。

2019年の国際支援団体オックスファムの発表によると、世界の貧しい方の半分の人たちの富と、世界のお金持ち上位たった26人の富が同じくらいだそうです。つまりたった26人の富裕層が、世界の40億人分の富を独占しているということです。

そして世界の富の半分は、たった1％の富裕層が握っているそうです。

しかも富裕層の富のシェアは毎年拡大しています。つまり貧富の格差は、年々広がっているのです。

フランスの経済学者トマ・ピケティの研究によると、「18世紀から20世紀にかけて貧富の差は拡大したが、第二次世界大戦後から1990年ごろまでは貧富の格差は解消に向かっていた、しかし、90年代以降にまた貧富の格差が急激に拡大し始めた」ということです。

特に経済成長の止まった先進国では、株主の富の蓄積が進み、労働者の取り分よりもはるかに多くを取っているということです。

しかも今回の新型コロナ禍で、さらに貧富の格差が広がったと見られています。

新型コロナ禍の経済停滞を防ぐために、先進国をはじめとした世界各国の政府は大規模な財政出動をし、金融緩和を行いました。

しかし世界各国の人々は自粛生活を強いられているために、消費活動をあまり行えません。その結果、世界で「金あまり」が起こり、巨額のお金が金融市場に流れ込み、世界的に大不景気にもかかわらず先進国の株式市場は普段以上の活況となりました。アメリカのニューヨーク株式市場などは史上最高値を更新し、日本の東京株式市場もバブル以降の最高値を更新しました。

そのため株などの金融資産を大量に持つ富裕層の資産ばかりが膨れ上がったのです。

この貧富の格差は、世界各国でさまざまな軋轢を生んでいます。

2011年には、アメリカで市民運動「ウォール街を占拠せよ」が起きました。「アメリカでは1％の人が国の資産を独占している」として、資本家の象徴であるウォール街を99％の国民に解放せよという趣旨の運動でした。約1500人がウォール街の主要金融機関などに向かってデモ行進をし、世界中のニュースで取り上げられました。

また世界中で頻発しているテロや紛争なども、貧困が大きな要因になっていることが多いのです。

このまま貧富の格差が広がれば、世界的な変革、混乱が起きるかもしれません。そうなったとき、**もっとも多くのものを失うのは金持ち**なのです。

億万長者のほとんどは、世界が正常に動いていることで多額の収入を得ています。彼らの裕福な生活は、世界経済が正常に動いていることで維持されてきたのです。

社会の大変動が起きたとき、もっとも損をするのが金持ちであることは、歴史が証明しています。

たとえばヨーロッパで、もっとも歴史の古い財閥は18世紀末に勃興したロスチャイルド家です。中世ヨーロッパでは数々の大富豪が盛名を誇っていましたが、ヨーロッパの度重なる戦乱や社会混乱の中で壊滅し、今では同家以外にまったく残っていないのです。

また第二次大戦でも多くの大財閥が没落し、ロスチャイルド家もその資産の大半を失っています。全盛期のロスチャイルド家は5人の息子をロンドン、パリ、ウィーン、フランクフルト、ナポリに住まわせ、「ロスチャイルドの5家」でヨーロッパの金融業を牛耳っていました。が、現在残っているロスチャイルド家は、わずかロンドンとパリの2家に過ぎないのです。

つまり世界を動かすような富を持っていた金持ちの家も、わずか200～300年しか続かないのです。そして多くの金持ちは、最後には殺されたり家系が根絶やしにされたりするなどの憂き目にあっています。

また本文でも述べましたように日本の戦前の富豪の多くも、第二次大戦によって没落しました。

だから社会の安定維持にもっとも力を尽くさなくてはならないのは、我々ではなく億万長者のほうだといえるでしょう。

現代世界は格差社会だけじゃなく、「環境破壊」という深刻な問題も抱えています。

この環境問題などにも、金持ちがもっとも責任を負わなければならないのです。なぜなら環境問題というのは、資本主義経済の中で起きたものであり、この恩恵をもっとも受けているのは富裕層だからです。

「今だけ、金だけ、自分だけ」の精神が究極に具現化されたものが、「環境破壊」だといえるのです。

貧困層や貧困国は自分の生活に精いっぱいであり、なかなか環境問題にまで気を回す余裕がありません。先進国の金持ちが率先して環境問題に取り組むのが、人類的な見地から見て当然と言えるでしょう。自分の豊かな生活を持続するためにも、それは必要なことのはずです。

ご存じのように環境問題は深刻です。昨今の夏の異常な暑さなど「温暖化」を我々はすでに体感し始めています。

人類の存亡にかかわる待ったなしの問題なのです。

この先、さらに温暖化が進めば、世界にどんな変化が起きるかわかりません。そして世界に大きな変化が起きたとき、もっとも失うものが大きいのは金持ちなのです。だから金持ちは自分の身を守るためにも、環境問題や貧困問題に尽力しなければならないのです。

金持ちにはそれをぜひ自覚していただきたいものです。

最後にビジネス社の唐津隆氏をはじめ、本書の制作に尽力いただいた皆様にこの場をお借りして御礼を申し上げます。

２０２１年秋

著者

[略歴]

大村大次郎（おおむら・おおじろう）

大阪府出身。元国税調査官。国税局で10年間、主に法人税担当調査官として勤務し、退職後、経営コンサルタント、フリーライターとなる。執筆、ラジオ出演、フジテレビ「マルサ!!」の監修など幅広く活躍中。主な著書に『世界通貨を発行せよ!』『完全図解版　相続税を払う奴はバカ！』『税金ビジネスの正体』『新型コロナと巨大利権』『まちがいだらけの脱税入門』『税務署対策　最強の教科書』『消費税を払う奴はバカ！』『完全図解版　税務署員だけのヒミツの節税術』『相続税を払う奴はバカ！』『99％の会社も社員も得をする給料革命』『「見えない」税金の恐怖』『完全図解版　あらゆる領収書は経費で落とせる』『税金を払う奴はバカ！』（以上、ビジネス社）、『「金持ち社長」に学ぶ禁断の蓄財術』『あらゆる領収書は経費で落とせる』『税務署員だけのヒミツの節税術』（以上、中公新書ラクレ）、『税務署が嫌がる「税金0円」の裏ワザ』（双葉新書）、『無税生活』（ベスト新書）、『決算書の9割は嘘である』（幻冬舎新書）、『税金の抜け穴』（角川oneテーマ21）など多数。

億万長者は税金を払わない

2021年12月10日　　　第1刷発行

著　者　大村 大次郎

発行者　唐津 隆

発行所　株式会社ビジネス社

〒162-0805　東京都新宿区矢来町114番地 神楽坂高橋ビル5F
電話　03(5227)1602　FAX　03(5227)1603
http://www.business-sha.co.jp

〈装幀〉中村聡
〈本文組版〉茂呂田剛（エムアンドケイ）
〈印刷・製本〉中央精版印刷株式会社
〈営業担当〉山口健志
〈編集担当〉本田明子

ISBN978-4-8284-2343-2

大村大次郎の本

完全図解版 税務署員だけのヒミツの節税術
あらゆる領収書は経費で落とせる【確定申告編】

定価　1320円(税込)
ISBN978-4-8284-2067-7

税務署が教えない裏ワザ満載！

確定拠出年金や医療費控除など会社員も
自営業も確定申告を知らなすぎる！
この裏ワザで誰もが税金を取り戻せます。

まちがいだらけの脱税入門
取扱注意！　これで彼らは捕まった！

定価　1430円(税込)
ISBN978-4-8284-2189-6

**税金は正しく逃れよ!
禁!　無断転用、無断使用**

チュートリアル徳井さんはきちんと
申告したほうが税金は安かった!?
なぜ小さなたばこ店が
巨額の所得を隠していたのか?

完全図解版 あらゆる領収書は経費で落とせる

定価　1320円(税込)
ISBN978-4-8284-1801-8

経費と領収書のカラクリ最新版！

中小企業経営者、個人事業主は押さえて
おきたい経理部も知らない経費と領収書
の秘密をわかりやすく解説。

税務署員の弱点を衝く！ 税務署対策 最強の教科書

定価　1430円(税込)
ISBN978-4-8284-2153-7

税務署の"手の内"を大公開!

税務署員に騙されるな！
彼らの口車に乗ってはいけない！
税務調査で泣き寝入りしない
裏ワザ、教えます！

大村大次郎の本

新型コロナと巨大利権

経済、医療、税金に巣食う4つの強欲集団

大災厄の裏で蠢く闇を元税務官僚が暴く！

なぜアビガンはなかなか承認されなかったのか
日本がＰＣＲ検査を増やせなかった驚愕の理由
なぜこの大不況で10万円しかもらえないのか？
利権でがんじがらめの国に未来はあるのか

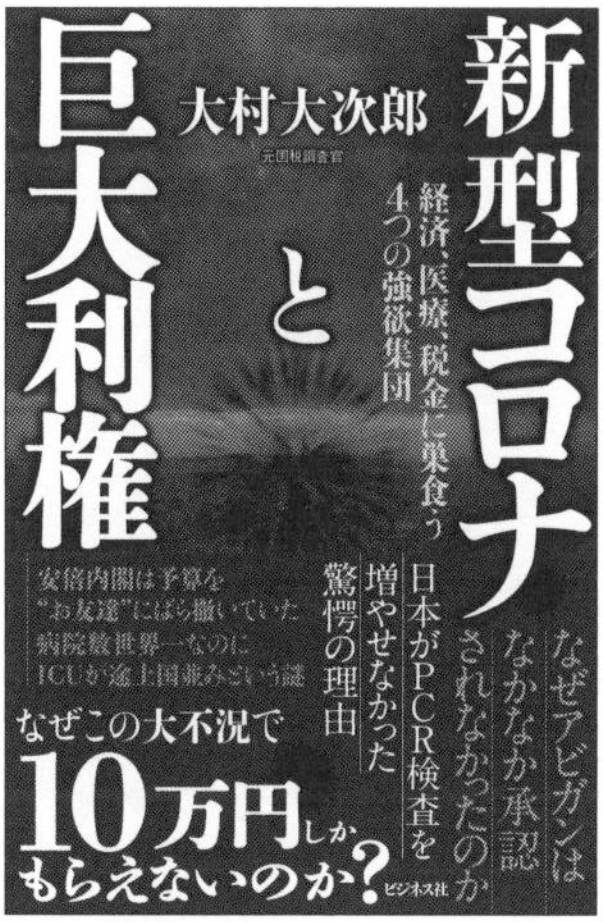

定価　1430円（税込）
ISBN978-4-8284-2196-4

コロナ禍でもボロ儲け！

税金ビジネスの正体

本当のワルは壮大なネコババを仕掛けている!!

「税金で儲かる奴ら」が暗躍する日本の悲劇
私たちの１０００兆円はどこに消えた？
コロナ禍でも笑いがとまらない極悪人たち！
「持続化給付金」の不正申告なんて、小さい話だ！

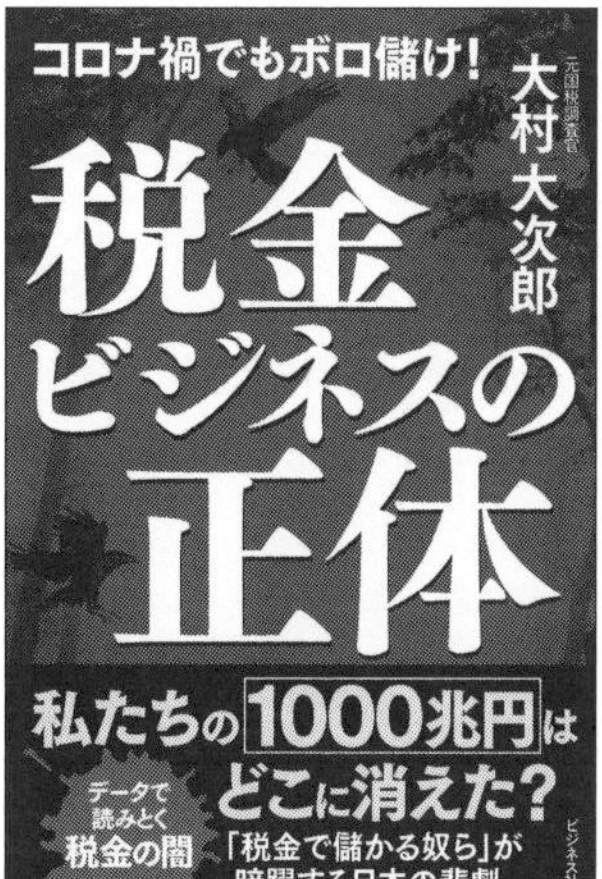

定価　1320円（税込）
ISBN978-4-8284-2230-5

大村大次郎の本

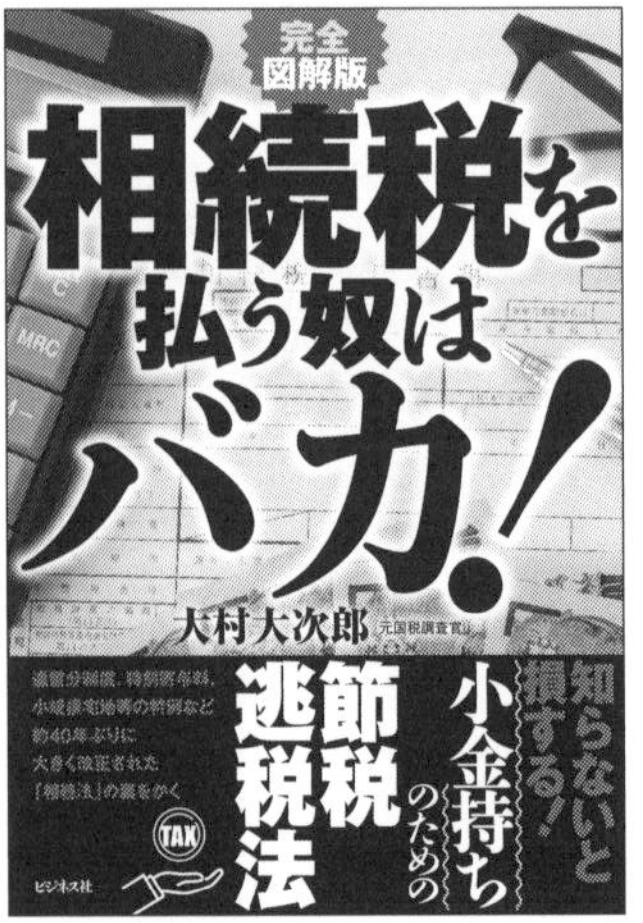

完全図解版　相続税を払う奴はバカ！

知らないと損する！小金持ちのための節税逃税法

遺留分制度、特別寄与料、小規模宅地等の特例など約40年ぶりに大きく改正された「相続法」の裏をかく
令和３年度の税制改革大綱も網羅！
大金持ちたちは莫大な資産を〝合法的に〟身内に譲渡している！

定価　1320円（税込）
ISBN978-4-8284-2261-9

コロナ不況から人類を救うお金革命

世界通貨を発行せよ！

人類を幸福にする究極の選択！

暗号資産と合体する〝進化系ＭＭＴ〟の明るい未来
「金融の安定」と「国際問題の解決」の一石二鳥の秘策！

定価　1320円（税込）
ISBN978-4-8284-2307-4